한나 아렌트의 『예루살렘의 아이히만』 읽기

세창명저산책_092

한나 아렌트의 『예루살렘의 아이히만』 읽기

초판 1쇄 발행 2022년 6월 29일
초판 3쇄 발행 2024년 11월 5일

—

지은이 윤은주
펴낸이 이방원
기획위원 원당희
책임편집 이희도   **책임디자인** 손경화
마케팅 최성수·김 준   **경영지원** 이병은

—

펴낸곳 세창미디어

　　　신고번호 제2013-000003호 주소 03736 서울시 서대문구 경기대로 58 경기빌딩 602호

　　　전화 723-8660 팩스 720-4579 이메일 edit@sechangpub.co.kr 홈페이지 http://www.sechangpub.co.kr

　　　블로그 blog.naver.com/scpc1992 페이스북 fb.me/Sechangofficial 인스타그램 @sechang_official

—

ISBN 978-89-5586-722-0 02160

Hannah
ARENDT

세창명저산책_092

윤은주 지음

한나 아렌트의 『예루살렘의 아이히만』 읽기

세창미디어
MEDIA

유대계 독일인으로서 한나 아렌트가 살았던 격정의 시대를 떠올려 본다. 두 차례의 세계대전이 가져온 유럽의 정치·경제적 혼란, 독일 나치의 전체주의적 폭정, 집단수용소를 거쳐 미국 시민권을 얻기까지 침묵과 무국적으로 견뎌 온 시간, 그 파란만장한 삶에서 아렌트가 간절히 원했던 것은 무엇이었을까? 그것은 이 세계의 구성원으로서 생각함과 말함의 자유를 실현하는 인간, 다시 말해 본성적으로 자유로운 정치적 동물*zoon politikon*로서의 삶이었다.

정치에 대한 다양한 함의가 있겠지만, 아렌트의 정치는 국가 공동체나 소규모 평의회와 같은 공적 영역에서 사람들과 의견을 주고받고 이해함으로써 서로 '있음'을 확인하는 존재론적 과정이라 생각한다. 자유롭게 생각하고 말하는 것은 정치적 삶을 지탱하는 두 개의 기둥이다. 하지만 독일 나치의 전체주의적 폭정으로 두 개의 기둥이 뿌리째 뽑혔던 아렌트는 상실된 자유를 되찾아 본래의 정치를 회복하는 것이 얼마나 중요한지를 깨닫게 된다. 어두운 시대를 벗어나고자 한 그녀의 정치사상은 자신의 경험에서 나온 당연한 결과였을 것이다.

자유의 실현은 정치의 다른 이름이다. 자유는 '은행 잔고가 두둑할 때'가 아니라 '생각하고 말할 권리를 가지고 있을 때' 실현된다. 동서고금을 막론하고 생각함에 대한 가치는 가볍게 다뤄지지 않았다. 소크라테스는 좋은 삶이란 영혼을 온전히 가꾸는 것이며, 이를 위해서는 생각하고 또 생각해야 한다고 말했다. 생각을 통해 앎을 확인하고 모르는 것을 알아 가는 것, 즉 지혜의 곳간을 성실히 채워 나가는 것이야말로 인간의 좋은 삶이며 선이다. 성선설의 맹자나 성악설의 순자 역시 본성의 출발점이 다르긴 하지만 공부를 통한 수양으로 선에 이를 수 있다고 이야기했다. 하지만 사람들은 개인의 이익 앞에서 이것을 망각한다. 생각하지 않는 행동은 공허하며 행동하지 않는 생각은 무의미하다.

한나 아렌트는 예루살렘의 법정에서 공허함과 무의미함으

로 가득한 아이히만을 만났다. 아이히만은 상부의 명령에 성실했을 뿐 정작 해야 할 '생각함'에 게으름을 피웠고, 삶의 목적이 자신만을 향했을 뿐 함께하는 다른 사람을 배려하는 마음이 없었다. 그는 자신의 욕망을 채우기 위해 해서는 안 될 일을 하였다. 그를 그렇게 이끈 것은 비뚤어진 자유, 다시 말해 생각함과 말함의 무능력이었다. 예루살렘의 법정에서 만난 아이히만이야말로 아렌트가 고민해 왔던 근본악에 대한 답을 구할 수 있는 좋은 사례였다. 정작 근본악은 없고 누구나 악함을 저지를 수 있다는 '악의 평범성'을 이야기함으로써 격렬한 논쟁에 휘말리는 결과를 가져오긴 했지만 말이다.

『예루살렘의 아이히만』은 1961년 예루살렘에서 열린 전범재판 과정을 기록한 글이다. 오랜 시간 진행된 재판의 기록인 만큼 유대인 문제와 관련된 자료는 모두 다룰 수 없을 정도로 방대하다. 그러니 모든 것을 한 권의 책에 담아낼 수 없을 것이며, 그 때문에 모두를 만족시키기도 어려울 것이다. 판단자의 관점에서 역사가 다양하게 해석되듯이, 『예루살렘의 아이히만』 역시 아렌트가 자신의 관점에서 분석하고 이해한 자신의 의견을 서술하고 있다. 아이히만의 악함이 생각함과 말함의 무능력에서 왔다는 이야기를 이해하려면 아렌트의 정치사상을 어느 정도 알아야 한다. 이 책 곳곳에서 그녀의 저작이 다수 언급된 이유이기도 하다. 예를 들어 『라헬 파른하겐』을 길게 언급한 것은 '의식 있는 패리아'로서 아렌트를 이해해야, 유대인임에도 유대인 문제를 불편부당한 관점에서 이해하려는 아렌트에게 공감할 수 있기 때문이다.

『예루살렘의 아이히만』의 부제는 '악의 평범성에 대한 보고서'이다. 수백만 명의 사람을 단지 '유대인'이라는 이유로 죽음에 몰아넣은 독일 나치의 광기 어린 행동, 그 어떤 의문도 갖지 않고 성실하게 임무를 수행한 아이히만, 그리고 그들의 반이성적이고 반인륜적인 범죄에 눈감고 침묵해 버린 사람들, 그 모두가 온전한 영혼이길 포기한 악인이다. 하지만 그들은 본성적으로 악한 사람이 아니다. 그저 자유롭게 생각하고 자신의 의견을 말함에 무능력했을 뿐이다. 악함은 선택된 특별함이 아니다. 그저 우리 주변에 가까이 있는 평범함이며, 그로부터 아무도 예외일 수 없다. 생각함과 말함에서 무능력하거나 게으르다면 악함은 어디서든 그 얼굴을 드러낼 것이다.

이 책은 『예루살렘의 아이히만』을 읽어 가는 과정에서 아렌트의 이야기 방식이나 정치사상을 낯설어하는 이들에게 약간의 도움을 주기 위해 쓰인 글이다. 아렌트 전공자라는 타이틀을 가지고 도움을 준다고는 하나 여러모로 부족한 점이 많다. 게으른 공부 탓으로 지혜의 곳간을 채우지 못한 필자의 몫이다.

사람들은 역사적 사건에 관해 각자의 목소리로 이야기한다. 『예루살렘의 아이히만』 역시 아렌트가 자신의 목소리로 자기 의견을 이야기하는 책이다. 그 이야기를 이해하고 받아들이는 것은 오로지 독자의 몫이다. 필자의 글 역시 자기 목소리로 내놓은 이야기이니 오해나 오독이 있을 수 있음을 변명처럼 곁들인다. 그럼에도 내 안의 아이히만을 잠재우기 위해 생각하고 글을 쓰는 데 부지런해지려고 노력했다. 생각함과 말함에 게으르지 않으려 애쓰고, 불편부당한 관점에서 이해하고, 자신의 이야기를 만들려고 노력하는 모두에게 부족하지만 도움이 되는 책이 되기를 기대해 본다.

2022년 6월

평범하게, 게으르지 않게 윤은주

| 차례 |

일러두기

본문에 인용된 한나 아렌트의 저작은 약어로 출처를 표기했다. 해당 저작과
약어는 아래에서 확인할 수 있으며, 세부 서지사항은 「참고문헌」에서 확인할
수 있다.
예) 한나 아렌트, 『라헬 파른하겐』, 258쪽 → (*RV*, 258)

RV   『라헬 파른하겐』
MDT   『어두운 시대의 사람들』
EJ   『예루살렘의 아이히만』
ESSAYS   『이해의 에세이 1930-1954』
OT1, OT2   『전체주의의 기원』 1, 2
LM   『정신의 삶』
RJ   『책임과 판단』

1장
어두운 시대를 살아가다

1. 치열한 삶을 살아 내다

한 세기에서 다음 세기로의 전환은 그 시대를 사는 사람들에게 불행하거나 우울했던 과거의 역사에서 벗어나 새로운 시대를 맞이하는 희망을 꿈꾸게 한다. 하지만 더 나은 삶을 꿈꾸는 사람들에게 20세기의 시작은 가장 암울하고 어두운 시대로의 한 걸음을 내딛게 했다. 전체를 위해 개인의 희생을 택했던 전체주의의 그늘은 역사상 늘 있었지만, 그 순간만큼 전 인류를 가장 잔혹한 어둠 속으로 몰아넣었던 적은 없었다. 가장 어두운 그 시대에도 인간은 살아남기 위해 판도라의 상자에 마지

제1회 문화비평회의에 참석한 한나 아렌트(© Barbara Niggl Radloff, 1958)

막으로 남아 있던 희망을 놓지 않았으며, 인간다움이라는 작은 불빛들이 살아남아 인류를 밝은 세상으로 이끌었다.

> 가장 어두운 시대에도 인간은 무언가 밝은 빛을 기대할 권리가 있는데, 그러한 밝은 빛은 이론이나 개념에서보다는 오히려 불확실하면서 깜박이는 약한 불빛에서 나올 수 있다. 몇몇의 남녀들은 자신들의 삶과 저작을 통해 거의 모든 상황에서 그 불빛을 밝히고 자신들의 시대를 넘어서 그 불빛을 발산할 것이다. (MDT, 11)

『어두운 시대의 사람들』(1968) 머리말에서 언급된 그 작은 불빛들은 더 나은 세상을 꿈꾸는 사람들의 빛나는 생각들이다. 엘리자베스 영-브륄은 "항상 논쟁적인 사상가였다. 학계, 정당, 이데올로기 노선과 일정한 거리를 유지했던 외로운 사람이었지만 광범위한 독자층을 가지고 있었다"[1]며, 21세기를 시작하는 지금도 여전히 밝게 빛을 내는 이가 한나 아렌트라고 이야기한다.

---

1   영-브륄, 『한나 아렌트 전기』, 24쪽.

철학으로 시작하였으나 고독한 철학자로 남기보다 사회와 현실을 직시하는 대중적 사상가로 세상과 치열하게 논쟁하기를 즐겼던, 그래서 스스로 정치철학자가 아닌 정치사상가로 불리길 원했던 한나 아렌트Hannah Arendt. 그녀는 전체주의의 어둠이 세상을 잠식하기 시작하던 1906년 10월 독일 하노버에서 유대인 집안의 딸로 태어났다. 유대인임에도 독일인의 삶에 거의 동화되어 살았기 때문에 독일인이냐 유대인이냐 하는 구분이 문제가 되지는 않았지만 유대인으로서 자기 정체성을 찾기 위한 의식적 활동도 게을리하지는 않았다. 오히려 자기 정체성을 찾기 위한 아렌트의 노력은 인간의 인간다움에 대한 사유를 가능하게 하는 토대가 되었으며, 훗날 독일 나치의 반유대주의 정책에 저항하는 시온주의 운동에서도 편향적인 민족주의에 휘둘리지 않고 불편부당한 태도를 보이는 데 영향을 주었다.

어린 나이에 아버지를 여의고 어머니 밑에서 독립적으로 성장한 아렌트는 어머니의 재혼으로 다양한 사람과 만나 학문적 영역을 넓히고 지적 욕구를 충족시키는 기회를 얻게 된다.

제1차 세계대전 이후 혼란스러운 정치적·경제적 상황으로 보수주의적 영향이 짙어지던 1924년, 아렌트는 마르부르크대학에 입학한다. 독일 문학과 철학, 그리고 신학에 관심을 가졌던 아렌트는 그곳에서 철학적 삶의 시작을 알리며 이후 자신의 삶 전반을 지배했던 거대한 철학적 우산인 마르틴 하이데거 Martin Heidegger를 만난다. 개인적으로나 학문적으로 서로에게 이끌렸던 두 사람. 하지만 당시 하이데거는 이미 가정이 있는 유부남이었다. 그와의 만남은 아렌트를 철학적 사유라는 행복과 현실적 삶이라는 불행 사이에서 갈팡질팡하게 만들었다. 두 사람 사이에 숱하게 오고 갔던 연애편지, 자신의 존재를 드러낼 수 없었던 아렌트가 자신의 마음을 담아 적어 내린 시, 그리고 위대한 철학자였지만 친親나치적 행보로 모두의 비난을 받았던 하이데거의 탄생 80주년을 기념하는 글을 통해 두 사람의 관계를 확인할 수 있다. 훗날 아렌트를 하이데거의 정부情婦라고 부를 만큼 두 사람은 단순한 스승과 제자의 관계라고 보긴 어려울 듯하다.

두 사람의 관계에 대한 불편한 시선에도 아렌트가 하이데거를 놓을 수 없었던 것은 단지 연인에 대한 사랑 때문만은 아니었다. 당시 후설의 현상학과 형이상학으로부터 '존재'의 의미를 강조하며 새로운 방향을 제시하고, 철학적 이상향을 가르쳤던 하이데거는 보수주의의 그늘에서 아렌트의 지적 갈구를 해소시켜 줄 스승이었기 때문이다. 철학에 품었던 그녀의 첫 번째 사랑이야말로 하이데거로 현현된 것이었다. 20세기 숱한 정치적 문제에 의견을 표방하며 논쟁적이었던 정치사상가였지만, 그녀의 모든 이야기에서 형이상학적이며 존재론적인 철학의 깊이가 있었던 것은 그녀의 논의가 하이데거로부터 시작된 존재에 대한 철학적 물음을 다룬 학문적 사유에서 출발하였음을 보여 준다. 한편으로는 사랑과 환희의 감정을 선사했지만, 다른 한편으로 고통과 절망의 나락에 빠뜨리기도 했던 하이데거와의 관계를 지속할 수 없었던 아렌트는 결국 하이데거의 곁을 떠나게 된다.

하이델베르크대학으로 옮겨 간 아렌트는 카를 야스퍼스Karl Jaspers 밑에서 논문『성 아우구스티누스의 사랑 개념』으로 철학박사학위를 받는다. 아우구스티누스의 사랑 개념을 분석한 그녀의 박사학위 논문은 열망으로서의 사랑, 인간과 창조주 하느님과의 관계로서의 사랑, 그리고 이웃 사랑에 초점을 맞추고 있다. 마르부르크 시절의 사랑이 하이데거를 향한 일면적인 것이었다면 하이델베르크에서의 사랑은 함께하는 친구들과 우정을 나누면서 시작되었다. 모두와 함께할 수 있는 시간, 물론 그 안에 고독한 혼자만의 시간도 있으나, 서로 이야기를 나누며 가졌던 시간은 아렌트에게 사유에 대한 공적 관계의 중요성을 깨닫게 해 주었다.

박사학위 논문의 핵심 개념은 아모르 문디amor mundi, 즉 '세계 사랑'이다. 아렌트에게 세계는 다양한 사람이 관계를 이루며 살아가는 삶의 터전이며 공적 영역이다. 다른 사람과의 관계 맺기를 통해 자기 존재를 확인하는 존재론적 영역이며 정치적 인간으로서 인간다움을 실현하는 토대이다. 세계는 모든 것의 시작이며, 모든 것이 펼쳐지는 공간이다. 시간과 공간의 좌표가 서로 교차하며 만나는 곳, 그곳에서 사유가 시작되고 흘러간다. 세계는 예측하지 못한 사건이 발생하는 공간이며, 철학적 사유를 통해 사건과 마주하는 공간이다. 세계는 아렌트에게 사유의 선물과 폭력적 삶의 고난을 같이 건네주었으며, 그 안에서 철학적 사유를 통해 자신의 삶을 구성하게 한다.

아우구스티누스의 『고백론』에 대한 연구로부터 18세기 독일 낭만주의로 철학적 관심을 옮긴 아렌트는, 독일 낭만주의에 대한 직접적인 연구보다는 그 시대를 살았던 라헬 파른하겐(1771-

1833)의 삶을 조명하는 것에 집중하여 그녀의 자서전을 집필한다. 아렌트는 18세기의 살롱 문화를 주도했던 라헬 파른하겐이라는 여성의 삶 자체에 관심을 두기보다는, 자서전의 부제 '한 유대인 여성의 삶'에서 볼 수 있듯이, 그녀가 자기 삶의 여정을 통해 유대인 여성으로서 자기-의식적 이해에 도달하는 사유의 여정을 부각하고 있다. 이후 시온주의 운동에 참여했던 아렌트는 좌파 인사의 은신처를 제공한 혐의로 투옥되었다가 어머니와 함께 파리로 망명하게 된다. 파리에서의 삶은 파시즘의 실체와 조우하는 계기가 되었고, 여기서 그녀와 정치사상적 행보를 같이하게 될 평생의 동지 하인리히 블뤼허Heinrich Blücher와의 운명적인 만남이 이루어진다.

1940년 스페인 난민과 국제여단 회원을 수용하기 위해 만들어진 집단수용소로 이송된 아렌트는 주변 지인의 도움을 받아 어렵게 미국행 비자를 얻어 망명길에 오르게 된다. 시민권자가 아닌 망명자의 시선으로 바라본 미국은 아렌트에게 사회적 예속과 정치적 자유가 공존하는 모순적인 사회였다. 집단수용소에서 미국으로 망명하여 시민권을 얻기까지 무국적자로 보낸 긴 시간 동안 아렌트는, 독일인도 미국인도 아닌, 다시 말해 한 인간이면서도 '아무것도 아님'으로 인식된 자기 자신을 발견하게 된다. 이것은 단지 생각함이나 말함의 자유를 박탈당하거나 자신을 보호해 줄 정치적 울타리가 없는 불완전한 삶만을 의미하는 것이 아니라 인간으로서의 삶 자체를 위협받는 것이기도 했다. 그렇다고 해서 무국적자로서의 삶이 아렌트를 망각의 강에 던져 버린 것은 아니었다. 오히려 인간으로서 자기 권리를 행사할 수 없었던 침묵의 시간이자 고통의 시간을 겪었기에 아렌트는 평생에 걸쳐 사유해야 할 대상을 찾을 수 있었다.

1951년 아렌트는 드디어 미국 시민권을 획득하게 된다. 한 공동체의 구성원으로 소속되길 간절히 원하였던 것은 시민권자로서 정착할 수 있는 안식처가 생긴다는 것보다는, 자유롭게 생각하고 표현할 수 있는 정치적 권리를 가질 수 있다는 점 때문이었다. 아렌트가 원했던 것은 아리스토텔레스의 *zoon politikon*, 즉 '정치적 동물(인간)'으로서의 온전함이었다. 미국 시민으로 산다는 것은 정치적 인간으로서 산다는 것이다.

아렌트는 자신의 정치적 사유를 담은 여러 저서를 집필하면서 정치적 활동을 가속화한다. 1951년에는 노트르담대학에서 "이데올로기와 테러"라는 주제로, 1953년에는 프린스턴대학의 가우스 세미나에서는 "카를 마르크스와 위대한 전통"을, 1954년 노트르담대학에서는 "철학과 정치"를 강의하였다. 그리고 반유대주의, 제국주의 및 전체주의에 관한 역사적·정치철학적 사유를 담은 『전체주의의 기원』(1951)을 출간하면서 자신의 이름을 사람들에게 각인시켰으며, 시카고대학에서 강의한 "활동적 삶"을 정리하여 『인간의 조건』(1958)을 출간하기도 하였다. 정치적 행위에 대한 핵심적 사상을 엿볼 수 있는 『인간의 조건』에서 아렌트는 세계를 구성하는 인간의 복수성에 주목하고, 노동·작업·행위의 구분을 토대로 이성적 사유를 중심으로 한 언어 활동의 중요성을 언급한다.

1961년 아렌트는 『더 뉴요커』의 객원기자로 예루살렘에서 열린 아돌프 아이히만Otto Adolf Eichmann의 전범 재판에 참관한다. 아이히만 재판은 아렌트가 중요하게 생각했던 인간의 활동에서 생각함과 말함의 중요성을 확인하는 시간이었으며, 절대악이나 선천적 악에 대한 의문의 답을 찾는 시간이었다. 신문에 연재된 기사를 갈무리하여 1963년 『예루살렘의 아이히만』이 출간된다. 이 글에서 아렌트는 '최종 해결'의 실질적 책임자였던 아이히만의 악함을 범죄적 관점이 아닌 사유의 관점에서 분석하려고 시도하였다. 그녀는 여기서 아이히만의 유죄를 인정하기는 하지만 이는 그가 선천적으로 악인이기 때문이 아니라 누구나 악인으로 만들 수 있는 평범한 악행 때문이라는 '악의 평범성the banality of evil'[2]을 이야기한다. 그녀의 이야기는 수많은 논쟁을 일으켰다. 유대인으로서 독일 나치의 박해를 경험했던 아렌트가 아이히만을 감싸면서 특별해야만 하는 범죄를 누구나 저지를 수 있는 평범한 범죄로 이야기했다는 것이다. 이로 인해 아렌트는 시온주의 진영으로부터 비판과 비난의 화살을 받았으며, 생명의 위협까지 느낄 만큼 심각한 상황에 부닥치기도 하였다. 그럼에도 그녀의 주장은 정치사상적으로 중요한 한 걸음이 되었다.

1963년에 함께 출간된 『혁명론』은 1956년 헝가리 부다페스트에서 일어난 헝가리 혁명을 다룬다. 공산당 독재와 공포정치에 반대하여 반정부시위를 벌였던 헝가리 시민의 모습을 본 아

---

2 banality에 대한 우리말 풀이는 다양하다. 평범성, 진부성, 상투성 등 분야에 따라 다르게 풀이되는데, 이에 대한 자세한 논의는 글의 후반부에서 다시 하겠지만, 여기서는 보통 사람도 쉽게 악행에 빠질 수 있다는 견해에서 '평범성'으로 풀이하고자 한다.

렌트는 혁명이 가져야 할 목적을 다시금 생각하게 된다. 『혁명론』에서 아렌트는 1789년 발생한 프랑스 혁명과 1776년 발생한 미국 혁명의 비교를 통해 혁명의 정의와 가치를 다룬다. 이를 통해, 그녀는 혁명이 경제적 차원의 분배에 머무는 것이 아니라 자유의 실현과 적절한 정치 체제의 확립을 기반으로 해야 한다는 것을 확인하고자 하였다.

1967년부터는 신사회연구소New School for Research에서 교수로 지내면서, 1968년 『어두운 시대의 사람들』을 통해 현대의 인식론적·가치론적 위기를 제기하였다. 야스퍼스가 서거하던 해인 1969년에는 베트남 참전 반대 운동을 지원하면서 『시민 불복종』을 출간하였고, 제3세계 혁명 이데올로기와 학생 운동을 목격하면서 『폭력론』을 출간하였다. 활발한 저술 활동과 강의 등으로 바쁜 생활을 보내던 아렌트는 1972년 스코틀랜드 에버턴 대학의 기포드 강의에서 "정신의 삶 — 사유 및 의지"를 강의하고 후속편인 "판단"을 준비하던 중 심근경색으로 타개한다.[3]

---

[3] 아렌트의 친구인 매리 매카시가 그녀의 원고를 모아서 마지막 주저 『정신의 삶』「사유」 편과 「의지」 편을 발간하였고 미완성으로 남겨졌던 「판단」 편은 강의록을 토대로 한 『칸트정치철학강의』로 보완하여 출간되었다.

관조적 삶에 머물렀던 이전의 철학과는 달리, 현실에 대한 정확한 분석을 통해 자신의 의견을 견지해 나간 아렌트는 말과 글을 무기로 20세기라는 전쟁터를 헤쳐 나가며 치열하게 살았다. 전체를 위해 개인을 희생시키고, 생각하고 말하는 자유를 억압하는 반인류적인 전체주의에 대한 아렌트의 경험은 정치사상의 이론적 토대를 군건하게 다지는 계기가 되었다. 아렌트는 시민의 자유로운 논쟁을 통해 공적 활동으로서의 정치가 가능했던 고대 그리스의 폴리스로부터 그 전거를 찾아, 전체주의라는 어두운 시대를 넘어 자유의 실현을 기반으로 한 정치의 본래 의미를 회복하려고 노력하였다. 그리고 이를 바탕으로 그녀가 남긴 수많은 정치사상적 저작은 21세기에도 여전히 모두의 사유에 자리 잡고 인간다운 삶을 위한 정치적 행위에 이론적 바탕을 제공하고 있다. 그런 점에서 21세기를 이끈 정치사상가 가운데 한 사람으로 아렌트를 언급하는 데 별다른 이의가 없을 것이다.

정치사상가로서 아렌트가 남긴 저작은 자신의 경험과 자각을 기반으로 하고 있다. 그 가운데 출간 당시 격렬한 논쟁과 더불어 생명의 위협까지 겪게 만든 『예루살렘의 아이히만』은 반세기가 지난 지금도 많은 생각을 하게 만든다. 제2차 세계대전 당시 유대인 문제에서 '최종 해결'의 실무를 담당했던 아돌프 아이히만은 전쟁이 끝난 후 아르헨티나로 탈출한다. 리카르도 클레멘트라는 이름으로 숨어 살던 아이히만은 1960년 이스라엘 비밀경찰 모사드에 붙잡혀 이스라엘로 압송되었으며 예루살렘에서 재판을 받게 된다. 이 과정을 기록한 책이 『예루살렘의 아이히만』이다. 이 책에서 아렌트는 아이히만이 저지른 유대인 학살이 반인륜적 범죄라는 것을 인정한다. 하지만 그가 악행을 저지른 것은 절대적 혹은 선천적 악인이어서가 아니라 생각함과 말함에 대해 무능력했기 때문이라고 서술한다. '악의 평범성'으로 이야기되는 아렌트의 사유 결과는 생각함과 말함의 무능력을 드러낸다면 누구든지 악행을 저지를 수 있다는, 다시 말해 모두가 마음속에 아이히만을 품고 산다는 심각한 도덕적 아이러니를 불러일으켰다. 유대인에게는 경악할 만한 이야기였다. 유대인으로서의 민족성을 침해하는 동시에, 모두가 악인이 될 수 있으며 더구나 자신들을 아이히만과 동일시하고 있기 때문이다.

비판과 비난으로 가득한 격렬한 논쟁의 중심에서 아렌트는 스스로 유대인이면서 유대인을 객관적으로 보고자 노력하였다. 아이히만 재판을 통해 유대인으로서의 자기 정체성을 유지하면서 인류 전체를 관통하는 객관적 태도를 보여 준 아렌트의 노력은 19세기 유대인 여성으로서 치열하게 자기 삶을 살고자 노력한 라헬 파른하겐에게서 시작되었다고 여겨진다. 그 때문에 아이히만 이야기는 라헬 파른하겐의 삶을 살펴보는 데서 출발해야 하지 않을까 싶다.[4]

2. 라헬, 의식 있는 패리아로서의 삶[5]

사유와 표현의 자유가 박탈당한 침묵과 복종의 시대, 인류 역

---

4 『예루살렘의 아이히만』에 대한 글을 쓰면서 서두에 굳이 『라헬 파른하겐』을 길게 언급하고자 하였던 것은 바로 이 점 때문이다. 독일에서 태어난 유대인 여성으로서 전체주의를 겪었던 아렌트에게 자신이 유대인임을 조건 없이 받아들여야 할지 아니면 객관적이고 비판적인 자세를 취해야 할 것인지는 중요한 문제였을 것이다. 의식 있는 패리아로서의 삶, 다시 말해 라헬 파른하겐의 삶은 아렌트가 미국에서 유대인으로 지내야 할 삶의 한 전형일 것이며, 자신의 정체성을 자각함으로써 자기 사유의 방향성을 찾아가는 데 길잡이였을 것이다.

5 아렌트는 『라헬 파른하겐』에서 유대인 여성의 삶을 표현하기 위해 파브뉴(parvenu)와 패리아(pariah) 개념을 사용한다. 파브뉴는 벼락 출세자로 자기 정체성을 버리고 독일 사회에 완전히 동화된 유대인으로서, 패리아는 독일 사회에 동화되었음에도

사상 가장 비인간적인 시대인 20세기의 전체주의를 몸소 체험한 아렌트는 고통과 절망 속에서도, 이천여 년 전 아테네 거리에서 거리낌 없이 사람들과 자유롭게 논쟁을 벌이며 자신의 사유를 펼쳐 나갔던 소크라테스의 발걸음을 뒤쫓는 꿈을 꾸었다. 그 꿈은 집단수용소에서 겪은 유대인으

라헬 파른하겐의 초상
(Moritz Mechael Daffinger, 1817)

로서의 삶과 정치적 권리를 박탈당한 무국적자로서의 삶으로 인해 자유를 갈망하게 된 데서 시작되었다. 아렌트에게 자유롭다는 것은 자신이 하고 싶은 대로 하는 행위에 국한되지 않는다. 인간으로서 자유의 실현은 공적 영역에서 자기 역할을 성실하게 수행하는 것이다. 이를 위해 자신이 어떤 상황에 놓여 있는지 분석하고 이해해야 하며, 그것을 기반으로 자각된 자기

자기 정체성을 잃지 않은 의식 있는 유대인으로 나타냈다.

의식을 발전시켜야 한다. 자유에의 갈망, 그리고 정치적 인간으로서 자기 삶을 살고자 노력했던 아렌트의 시작이 의식 있는 패리아로서 자신의 삶을 개척해 나가고자 했던 라헬 파른하겐의 전기이다.

라헬 파른하겐은 1793년 베를린의 소박한 다락방에서 당대의 유명한 지식인들과의 사교모임을 주도하기 위해 살롱을 열었다. 살롱은 대화로 자신을 표현하는 방법을 배운 사람들을 위한 만남의 장소다.[6] 훔볼트 형제, 괴테, 하이네를 비롯하여 헤겔에 이르기까지 당대 최고의 지식인들이 모였던 자리에서 라헬은 자신이 겪은 운명의 고단함에서 벗어나고자 노력하였다. 하지만 유대인으로서 라헬은 항상 외부에 있었다. 파브뉴가 되고자 하였으나 패리아로 존재할 수밖에 없었으며, 본의 아니게 거짓말을 대가로 치를 때만 자신이 원하는 바를 얻을 수 있었다. 파브뉴는 진실을 숨기고 사람들을 나쁘게 이용하며 모든 열정을 사회적 상승을 위한 수단으로 삼을 때에만 성립한다는 것을 발견한 라헬은, 사회의 외부에서 자신의 위치를 차지하기

---

6 아렌트, 『라헬 파른하겐』, 61쪽.

가 쉽지 않았을 것이다.

유대인으로서 라헬은 항상 외부에 있었고 패리아로 존재했으며,
마침내 정말 본의 아니게 그리고 매우 불행하게도 사회로 들어가
는 입구는 오로지 거짓말, 단순한 위선보다 훨씬 일반화된 거짓
말을 대가로 치를 때만 가능함을 발견했다. 파브뉴에게는, 단 그
자신에게만 모든 자연스러운 충동을 희생하고, 모든 진실을 숨
기고, 모든 사랑을 나쁘게 이용하고, 모든 열정을 그저 억압하는
것을 넘어 더 나쁘게는 사회적 상승의 수단으로 삼는 것이 필요
함을 그녀는 발견했다. 사회의 외부에서 자리를 차지하는 용기
는 그녀의 것일 수 없었다. 패리아는 자발적으로 포기하지 않는
다. (RV, 258)

파브뉴가 되고자 하는 패리아에게 구체적인 욕망은 분에 넘
치는 사치이며, 현실적으로 도모할 수 있는 유일한 목표는 자
기 신분에서 벗어나는 것이다. 하지만 파브뉴가 된다는 것은
패리아로서의 특성을 모두 상실해야만 가능한 것이다.[7] 라헬
로 특정되는 패리아적 특성을 모두 상실했을 때, 다시 말해 한

개인이 아니라 집단의 한 구성원으로 탈바꿈했을 때 그 사회에 동화되어 원하는 바를 얻게 된다.

라헬은 유대인 여성으로서 자신이 점하고 있는 불안한 사회적 위치에서 벗어나고자 하였다. 하지만 그것이 자기 자신을 잃는 것은 아니었다. 파브뉴를 동경함에도 파브뉴에 반항하는, 그래서 라헬은 자신을 '반역자' 패리아로 단언한다.[8] 그녀는 운명에서 도피할 수 있는 세계 속의 안식처를 갖지 못했다. 자신의 숙명에 맞설 수 있는 것은 아무것도 갖지 못했다. 그래서 "진실을 말하는" 것, 증언하는 것, "절망의 눈부신 수확"을 거둬들이는 것 외에 그녀에게 남아 있는 것은 아무것도 없었다.[9] 자기 정체성을 잃지 않으면서 공적 영역의 한 일원으로 살아가려면 자기 이야기를 풀어놓아야 한다. 그것이 라헬이 선택한 방법이다.

라헬은 이야기가 오가는 살롱이라는 공간에서 다른 사람의 이야기를 듣는 것에 안주하지 않고 자신의 이야기를 하기 시작

---

7   아렌트, 『라헬 파른하겐』, 257-264쪽 참조.
8   번스타인, 『한나 아렌트와 유대인 문제』, 29-30쪽.
9   아렌트, 『라헬 파른하겐』, 81쪽.

한다. 이야기하기story-telling는 단지 말을 풀어놓는 행위가 아니다. 이야기를 통해 자신이 누구인지를 찾아가는 끊임없는 고민의 과정이기도 하다. 시간이 지날수록, 이야기할수록, 라헬은 자신의 이야기가 진실을 드러내는 것이 아니라 그 시간과 공간에 함께 있는 이들이 받아들일 수 있도록 다양한 의견으로 자신을 나타내는 것임을 알게 된다.

진실을 말하는 것이 아니라 자신을 나타내는 것이며, 또한 모든 사람에게 항상 같은 말을 하는 것이 아니라 각각에게 알맞은 말을 하는 것이었다. 그녀는 인간이란 오직 독특한 인간으로서만 상대가 귀 기울이게끔 하면서 독특한 것을 말할 수 있음을 배웠다. (RV, 152)

단 한 사람이 되는 것만이 아니라 사회적 삶의 복잡함 속에서 많은 타인과 자연스럽게 엮이는 사람이 되는 것의 다의성, 어머니이자 자식으로 자매이자 연인으로 시민이자 친구로 동시에 존재하는 것의 다의성, 동시에 그녀는 상대방이 누구며 무엇을 아는지에 의해 누군가를 당황시키지 않는 요령인 공손함이기도 한 다

의성을 배워야 했다. (*RV*, 153)

같은 이야기를 반복하고 있다고 생각했지만, 어느 순간 서로 다른 시간과 공간, 서로 다른 청중 앞에서 이야기하고 있는 자신을 발견한다. 그리고 그들 앞에서 진실만을 말하려고 애쓰지 않고 자신에 관해 이해할 수 있는 방식으로 이야기한다. 이런 이야기 가운데 라헬은 유적類的으로는 동일한 인간이지만 각자 자신만의 독특함을 가지고 있는 존재로서 상대에게 자신의 존재를 확인시킬 수 있음을 깨닫는다.

라헬의 말함은 단지 말함의 형식에 그치지 않는다. 말함의 내용이 담고 있는 것을 통해 스스로 자신을 인식하고 자신의 존재를 다른 사람에게 인식시키는 것이다. 유대인 여성임에도 유대인임을 부인하고 사회에 동화되어 살아갈 수밖에 없는 파브뉴로서의 삶이, 라헬에게는 벗어날 수 없는 숙명과도 같았다. 하지만 그런 삶은 사회에 대한 순응일 뿐 자신을 드러낼 수 없는 삶이었다. 유대인 세계에 동화되어 파브뉴로 살아간다는 것은 부유한 유대인과의 결혼을 통해 자신의 모든 것을 버리고 관습에 그대로 순응하는 삶이었다. 사실이 아닌 것에 고개를 숙여야 하며, 잘못된 유대적인 것도 받아들일 수밖에 없다.

라헬이 그 길을 선택했다면 편한 삶을 살았을 것이다. 부유한 유대인과의 결혼은 경제적 안정을 가져오고 안락한 삶을 준다. 하지만 얻는 것이 있으면 그만큼 잃는 것도 있다. 라헬이라는 자기 존재가 사라진다. 세상에 동화되는 순간 '나'는 사라진다. 다양한 곳에서 다양한 모습으로 자신이 표현되길 바랐던, 가장 라헬다운 모습이 사라지는 순간, 그녀는 견디기 힘든 삶의 무게를 짊어지게 될 것이다. 라헬다운 모습은 서로 다른 사람들과 모여서 이야기를 하고 서로 이해하면서 그 안에서 자신이 누구인지를 인식하는 것이다. 그것이야말로 스스로 선택해야 할 의식 있는 패리아the self-conscious pariah로서의 삶이다.

이런 라헬의 삶을 들여다보고 이해하며 그녀의 전기를 써 내려가는 동안, 아렌트는 이 작업이 과거에 살았던 한 여인의 삶을 바라보는 것만이 아님을 깨닫는다. 라헬의 삶은 역사에 지나간 누군가의 흔적이 아니라 지금의 자신을 투영하는 것임을 말이다. 20세기 유대인 여성으로 독일에서 살아야 하는 자신의 삶이 18세기 라헬의 삶과 별반 다르지 않음을, 그래서 아렌트가 자기 자신을 찾는 일은 라헬로부터 시작되어야 함을 말이다.

어떤 동화도 자신의 과거를 단순히 포기하고 이방인의 과거를 무시하는 것으로 성취될 수 없다. 전반적으로 유대인에게 적대적인 사회에서 동화되는 것은 또한 반유대주의에 동화됨으로써만 가능했다. 꼭 다른 사람처럼 정상적인 인간이 되기를 원할 때, 오랜 편견들을 새로운 것들과 교환하는 것 외에는 대안이 거의 없다. 그것이 수행되지 않는다면 모르는 사이에 반역자가 되고 유대인으로 남는다. 그리고 진실로 동화된다면, 자기 혈통을 부인한 모든 결과를 책임지고 또 그렇게 하지 않았거나 아직 다 끝내지 못한 사람들과 단절되면서, 그 사람은 악당이 된다. (RV, 276)

라헬은 파브뉴로서의 삶을 버리고 의식 있는 패리아로서의 삶을 선택한다. 유대인이면서 유대인이 아닌 삶의 선택이며, 주어진 현실에 대한 조건 없는 순응이 아니라 사실을 바라보고 자신만의 의견을 자유롭게 말할 수 있는 용기를 얻는 것이다. 용기의 대가는 자기 민족에 대한 배신일 수 있으며, 친구를 적으로 돌리는 일이 되기도 한다. 예루살렘에서 사실을 직시하고 자기 의견을 말함으로써 수많은 유대인으로부터 손가락질을 받았던 아렌트처럼 말이다.

『라헬 파른하겐』은 한 여성의 일생을 담은 전기가 아니다. 아렌트가 자신의 삶을 되돌아보고 사상을 발전시키기 위해 준비한 발판이다. 라헬의 전기를 집필하면서 아렌트는 독일에서 사는 유대인 여성의 삶을 생각한다. 더구나 20세기 독일 나치의 전체주의 통치하에서 유대인이 겪었을 비인간적이며 부자유스러운 삶이, 18세기 집안에 갇혀 자신을 드러내지 못했던 여성의 모습과 별반 다르지 않음을 알게 된다. 자신의 상황을 이해하고 의식 있는 삶을 살고자 노력하였던 라헬의 모습은 자기 정체성을 찾기 위해 끊임없이 사유하는 아렌트가 그토록 바란 인간상이었다.

아렌트는 자신의 유대인성을 확인하고 그로부터 시온주의에 대한 무조건적 순응에서 벗어나 자기 인식적 삶의 이해와 저항을 보여 주고자 했다. 그럼으로써 자기 생각을 계속해서 관철하는 의식 있는 패리아로서의 삶을 지속하고자 노력하였다. 그리고 이런 삶의 방향성은 아렌트의 이론과 사상에 반영되어 진실을 토대로 한 자유로운 이야기로 우리 앞에 모습을 드러냈다. 설령 그로 인해 자신이 속해 있던 사회나 집단으로부터 배제당할지라도 말이다.

3. 유대적이거나 반유대적인

의식 있는 패리아로서 살고자 했던 아렌트의 의지는 1961년 이스라엘의 예루살렘에서 열린 전범 재판에서 명확하게 드러난다. 유대인 문제에서 '최종 해결'의 실무를 담당했던 아이히만의 재판에 참관한 후 언론에 공개된 아렌트의 글은 유대적이거나 반유대적인 그 자체였다.

물론 유대인 학살이라는 독일 나치의 잔혹함에 동조하여 일을 수행해 나간 사람들의 범죄와 그로 인해 수백만의 무고한 유대인이 죽음에 이른 것은 부인할 수 없는 사실이다. 아렌트는 혹자가 유대인이라는 이유로 공격을 받는다면 자신 역시 한 사람의 유대인으로서 그것에 대응할 필요가 있다고 생각했다.

나는 유대인이다. 그리고 나는 한 사람의 유대인으로서 다른 모든 사람과 마찬가지로 이 세계에 속할 권리가 충분하다는 것을 보여 줌으로써 나 자신을 방어한다. (RJ, 24)

하지만 여기서 한 걸음 나아가 아렌트가 보여 주고자 한 것은 유대인이라는 특수한 상황이 아닌 인간 자체에 대한 사유였다. 그리고 이러한 그녀의 사유는 재판 이후 발간된 『예루살렘의 아이히만』으로 정리된다.

『예루살렘의 아이히만』은 1961년 이스라엘의 예루살렘에서 열린 아돌프 아이히만의 재판 과정을 기록한 책이다. 『더 뉴요커』의 객원기자로 참여했던 아렌트는 재판 과정에서 있었던 사실과 그것에 대한 자신의 의견을 책에 담았다. 신문에 연재된 재판 참관기임에도, 아렌트는 격렬한 아이히만 논쟁에 휘말리게 된다. 시리즈의 첫 번째 글이 실리기도 전에 그녀를 비난하는 소문이 퍼졌다. 아렌트가 '상부의 명령에 성실하게 따른 평범한 한 인간'으로서 아이히만의 결백을 증명하고 있다는 것, 유럽 유대인 공동체의 지도자들이 수용소에 보낼 유대인을 선별하는 데 일조하였기에 유대인 자신들도 유대인 학살에 책임이 있다는 것,[10] 반시온주의자이고 반유대주의자인 그녀가 악

---

10 롤프 호흐후트의 연극 〈대리인〉은 교황 비오 12세가 제2차 세계대전 중에 벌어진 유럽의 유대인 대학살에 관해 어떤 공식적인 언급도 내놓지 않았다는 잘 알려진 사건을 다루고 있다. 당시 가톨릭교회는 공산주의의 지배보다는 독일 나치의 지배가 낫다는 입장을 표방한 것으로 알려져 있다. 더구나 "어디에서 살든지 간에 유대인에게는 인정받는 지도자들이 있었고, 거의 예외 없이 이들의 리더십은 이러저러한

의적이고 거만하며 경솔했다는 것 등이다. 더구나 '악의 평범성'이란 개념을 사용하여 유대인 학살이라는 특별한 범죄 사실을 누구나 저지를 수 있는 평범한 사건으로 일반화하고, 심지어 이유 없이 살해된 수많은 유대인보다 범죄자인 아이히만을 훨씬 더 매력적으로 보이게 만들었다고 비난했다.

한 편의 글은 같은 민족인 유대인 공동체로부터 아렌트가 정신적 및 신체적 위협을 받도록 만들었고, 신문 지면이나 편지를 통해 수많은 사람과 논쟁을 하게 만드는 등 큰 파장을 일으켰다. 더구나 게르숌 숄렘이나 한스 요나스와 같이 학문적 교류를 나누었던 유대계 지식인들과의 결별도 감수해야 했다.[11] 물론 아렌트의 견해에 무조건적인 비판과 반대만이 있었던 것

이유에서 이러저러한 방식으로 나치에 협력했다고 한다. 모든 진실은 만일 유대인이 정말로 조직되어 있지 않고, 또 지도자가 없었더라면 혼란과 수많은 불행이 있었겠지만, 희생자 전체가 4백만, 5백만, 6백만에 달할 리가 거의 없었을 것"이라고 주장했다는 점도 알아 두어야 할 것이다. 번스타인, 『한나 아렌트와 유대인 문제』, 257쪽 참조.

11 아렌트는 숄렘과 주고받은 서한에서 다음과 같이 답변하고 있다. "악이 결코 근본적이지 않다는 것, 악은 극단적일 뿐 어떤 깊이나 악마적 특성도 가지고 있지 않다는 것이 진정한 지금의 제 의견입니다. 악은 그것이 표면에 번식해 있는 곰팡이처럼 퍼져 나간다는 바로 그 이유로, 온 세상에 퍼져 전 세계를 황폐하게 할 수 있습니다." 번스타인, 『한나 아렌트와 유대인 문제』, 222쪽.

은 아니다. 아이히만 재판을 다룬 글을 통해 자신들이 가지고 있었던 근본악에 관한 물음을 다시 생각하게 되었으며, 선악의 기준과 판단 등에 의문을 가졌던 이들에게는 답을 찾을 수 있는 계기를 마련해 주기도 하였다.[12]

사실상 아이히만 재판이 불러일으킨 논쟁의 핵심에는 아렌트가 지적하고 있는 '생각함'에 대한 문제가 가장 큰 비중을 차지하며, 이제까지 당연하게 여겼던 도덕성의 문제도 다시 생각하게 한다. 선함은 착하게 행동하거나 올바른 이성의 활동을 하는 것이며, 악함은 본래 악하게 행동하거나 욕구하는 것의 결핍 혹은 부재가 가져오는 두려움을 드러내는 것이다. 하지만 법정에서 아이히만이 보여 준 모습을 통해 아렌트는 생각함의 무능력, 판단의 무능력 그리고 말함의 무능력이 인간을 악함으로 이끈다는 것을 확인하였다. 그리고 이러한 무능력은 절대적 악인의 특성이 아니라 인간이라면 누구나 가지고 있는 진부하지만 평범한 무엇이었다.

---

12 관련된 내용은 엘리자베스 영-브륄이 편찬한 『한나 아렌트 전기』 제8장에 간략하지만 다양하게 소개되고 있으니, 관심 있는 독자는 이를 참조하기를 바란다.

『예루살렘의 아이히만』을 통해 아렌트는 아이히만이 무엇 때문에 생각하는 활동을 포기하였으며 제대로 된 판단 능력을 발휘할 수 없었는지, 그리고 앵무새처럼 의미 없는 말만을 늘어놓을 수밖에 없었는지에 대한 답을 찾고자 하였다. 구체적으로 그녀가 묻고자 한 바는 우선 자기 자신의 안위를 위해서라면 무슨 일이든 서슴지 않고 성실하게 수행하려 했던 그가 왜 타인을 그 생각함의 범주에 포함하지 않았는지에 관한 질문이다. 둘째, 자신이 저지른 모든 일에 대해 법의 무오류성에 천착하여 법이 요청하는 것이라면 무슨 일이든 해야만 한다는 자기 논리적 판단 능력이 부재했는지, 그리고 그 '모든 판단의 권리를 전적으로 누구에게 위임했는지'에 관한 물음이다. 마지막으로 자기 의견을 말하는 데 단어를 자유롭게 선택하여 표현하지 못했는가, 다시 말해 상투적인 관청용어만을 나열하는 것으로 자기 생각을 다 표현해 낼 수 있다고 여겼는가 하는 물음이다.

인간이라면 누구나 생각하고 판단하며 행위하는 기본 조건을 갖췄다고 여긴 아렌트는, 그 모든 것에 무능력한 아이히만이 낯설게 느껴졌다. 그리고 그가 왜 그렇게 되었는가에 대한 답을 찾으려고 부단히 노력하였다. 그런 아렌트의 수고에도 아랑곳하지 않고 아이히만 논쟁의 논점은 다른 방식으로 나타났다. 이전에는 전혀 생각해 본 바가 없는 것이었고, 너무 당연해서 지나가는 말로 언급하는 정도였던 문제가 왜 그렇게 중요한 논쟁거리가 되는지 말이다. 글에서 아렌트는 재판에 관한 사실관계를 설명하였을 뿐이며, 출간된 책에서 언급한 '악의 평범성' 역시 재판에서 밝혀진 사실로 명백히 입증된 듯 보여서 더 이상의 설명이 필요하지 않다고 여겼다. 다만 우리가 아는 악에 관한 이론과 모순되기 때문에 충격적이라고 느낀 사실 한 가지는 적시했으며, 그것이 사실이면서도 선뜻 믿기 어려운 것이었기에,[13] 이해하고 적응하는 데 시간이 좀 걸릴 뿐이라 여겼다.

낯선 것에 적응하기는 쉽지 않다. 예기치 못한 사건에 어떻게 대응해야 하는가를 숙고하는 데도 시간이 걸리듯, 악인이 악행을 저지른다는 당연한 도덕적 명제가 누구든 생각함과 말함의 무능력으로 인해 악행을 저지를 수 있다는 낯선 도덕적 명제로 바뀌는 것을 받아들이는 데 시간이 걸릴 듯하다. 하지

---

13 아렌트, 『책임과 판단』, 84쪽.

만 우리가 짚고 넘어가야 할 것은 도덕적 명제의 반전이 아니라 아이히만 재판에서 아렌트가 얻은 사유의 결과를 통해 당연하게 여겨졌던 악함의 본성을 다시금 생각해 보고, 자기 삶을 반성하는 기회로 삼아야 한다는 것이다. "반성하지 않는 삶은 살 가치가 없다"는 소크라테스의 말처럼, 유대인이든 유대인이 아니든 말이다.

4. 『예루살렘의 아이히만』의 구성

『예루살렘의 아이히만』은 1961년 당시 아렌트가 예루살렘에서 열린 아이히만 재판에 『더 뉴요커』의 객원기자로 참여하여 작성한 글을 모은 것이다. 사실성을 담보하는 신문 기사답게 당시 독일 나치가 유대인을 추방하고 수용收容하며 '최종 해결'을 통해 학살했던 과정과 아이히만 재판의 기록을 정리하고 있으나, 재판 과정에서 벌어진 일련의 사건을 바라보는 아렌트의 시점을 보여 주는 내용도 포함되어 있다.

총 15개의 장으로 구성된 『예루살렘의 아이히만』은 재판 과정을 한 편의 이야기책을 쓰듯 구술하고 있으며, 독자는 그 흐

름에 따라 객관적인 사실을 쉽게 확인해 볼 수 있다. 하지만 단순한 재판 속기록이 아니라 정치사상가로서 아렌트의 의견이 불쑥불쑥 고개를 들기에, 읽는 이들을 순간순간 사유의 세계로 이끈다. 그래서 이 책이 철학서인지 사상서인지 혹은 역사서인지 분간하기 어렵게 느껴진다. 정치철학에서 주로 다루는 책이니 철학서나 사상서인 듯하고, 재판에 대한 사실적 기록이니 역사서인 듯도 하다. 하지만 굳이 책의 범주를 구분할 필요는 없을 것이다. 자신이 생각하는 방향(의도)에 맞춰 읽고 이해하면 된다. '이야기하기'라는 아렌트의 글쓰기를 처음 접하는 이들은 이 책을 이해하는 게 낯설게 느껴질 것이다. 하지만 구전동화를 듣듯 그녀의 이야기를 따라가다 보면 어느덧 이야기의 종착점에 도달하게 될 것이다. 다만 아렌트가 의도하였듯 그 종착점은 명확한 결말이 나는 이야기의 끝이 아니라 새로운 이야기의 시작이라는 데 당황할지도 모르니 마음의 준비를 해 두기 바란다.

『예루살렘의 아이히만』은 내용에 따라 크게 네 부분으로 나눌 수 있다. 첫 번째는 아이히만 재판의 과정에 관한 기록이다. 부에노스아이레스에서 체포되어 이스라엘로 압송되기까지의 과정과 '정의의 집Beth Hamishpath'에서 진행된 재판 과정이 기술되어 있다. 반인륜적 사건의 주모자이자 잔혹한 범죄자인 아이히만을 자신들과는 다른 괴물로 만들기 위해 애쓰는 사람들의 모습과 국가의 명령에 성실하게 따랐을 뿐이라고 무덤덤하게 자신의 입장을 밝히는 아이히만의 모습이 대립하는 가운데, 생각함과 말함의 문제에 집중하고 있는 아렌트와 마주하게 될 것이다.

두 번째는 유대인 추방에서 수용, 그리고 학살에 이르기까지, 독일 나치가 1940년대 전 유럽에 퍼져 있던 유대인을 모아서 말살하는 과정의 기록이다. 이 기록은 단지 독일 내에서만이 아니라 중서부 유럽과 발칸 반도 등 독일 나치의 지배 아래에 있거나 반유대주의 정책을 펼친 국가들에서 광범위하게 유대인 말살 정책이 진행되었음을 보여 준다. 물론 방대한 기록을 모두 정리한 것이 아닌, 필요한 부분을 발췌한 것이라 개인적 판단에 따른 정리라는 측면에서 객관성 논쟁이 일기도 한다. 내용 대부분은 유대인 말살 과정에서 아이히만이 보여 준 행적을 담고 있으나, 당시 반유대주의 정책을 시행하였던 여러 유럽 국가가 독일 나치의 유대인 정책에 적극적이든 소극적이든 가담하고 있었다는 점도 보여 주고 있다. 특히 시온주의자, 다시 말해 유대인 내부에서도 유대인 말살 정책에 도움을 주었다는 기록마저 담고 있어서, 아렌트가 시온주의자들로부터 위협을 받는 근거가 되기도 하였다. 하지만 아렌트의 사실 기록을 살펴보고 나면, 독일 나치에 의해 단독으로 저질러진 만행이라고 여겨졌던 유대인 말살 정책에 여러 나라가 한편으로는 침묵하고 다른 한편으로는 암묵적 동의로 참여하였다는 것을 확인하게 된다. 이것은 유대인 문제가 유대 민족만의 문제가 아니라 전 세계인을 향한 반인륜적 범죄이며 그에 대한 책임을 모두에게 물어야 하는 전 지구적 문제임을 보여 준다.

세 번째는 유대인 학살이라는 반인륜적 사건의 실무 담당자였던 아이히만이 저지른 악행에 대한 평가이다. 아렌트는 여기서 성실하고 평범한 사람이 어떻게 악행을 저지를 수 있었는가에 대한 근거를 제시한다. 재판이 진행되는 동안 사람들은 아이히만이 본성적으로 악한 사람이라는 점을 밝히려고 온갖 방법을 동원했다.[14] 하지만 그들의 질문에 답변하는 아이히만은

---

14 영화 〈아이히만 쇼〉(폴 앤드류 윌리엄스, 2015)는 1961년 진행된 아이히만의 재판을

그저 평범한 이웃집 아저씨였으며, 한 가정의 아버지이자, 성실한 공무원이었다. 평범한 사람이었던 아이히만을 보면서 아렌트는 그가 왜 악행을 저질렀는지, 그의 괴물 같은 악행은 근본적으로 어디에서 시작되었는지를 알아내야 했다. 그리고 그 생각의 결과, 그가 저지른 악함은 한 개인의 특별한 상황이 만들어 낸 근본적 악의 발현이 아니라 생각함과 말함에서 무능력한 사람들이라면 누구나 쉽게 범죄를 저지를 수 있는 진부하지만 평범한 상황에 근거함을 확인하게 된다.

마지막 부분은 아이히만 재판에 대한 아렌트의 의견을 정리하는 에필로그와 후기로, 『예루살렘의 아이히만』을 논쟁의 중심에 서게 한 중요 개념인 '악의 평범성the banality of evil'이 등장한다. 아렌트가 아이히만 재판 참관을 원했던 것은 역사적 사실에 관한 확인이라기보다 근본악에 관한 질문의 답을 구하려는

전 세계에 생중계하는 과정을 담고 있다. 실제 재판 영상과 연출된 영상이 교차 편집되면서 실제 법정에 있는 것처럼 느껴지는 이 영화는 홀로코스트로 가족의 죽음을 경험하거나 가까스로 생존한 사람들의 이야기와 생생한 현장 사진을 통해 아이히만의 죄상을 알리고 그의 악함과 괴물성을 강조하고자 노력한다. 하지만 이러한 수고에도 흔들리지 않고 침착하게 앉아 있는 아이히만의 모습이 대조를 이룬다. 한편으로 아이히만의 악함을 강조하면서도 다른 한편으로 생각함과 말함의 무능력을 극명하게 보여 주는 장면이다.

의도였다. 그리고 재판정에서 본 아이히만을 통해 아렌트는 악함이란 누구에게나 일어날 가능성이 있는 평범한 것이었음을 확인한다. '악의 평범성'이 논리적이고 당연한 결론이었을까? 책의 부제가 '악의 평범성에 대한 보고서'인 만큼 관련 내용이 상세하게 설명될 것이라는 독자들의 기대와 다르게, 아렌트는 한 단락에서만 그 개념을 언급할 뿐, 더 이상의 설명을 하지 않는다. 다만 그녀의 이야기를 따라가다 보면, 이 작업이 『인간의 조건』과 『정신의 삶』에서 이야기한 생각, 판단, 의지라는 세 가지 활동의 중요성을 재확인하는 것임을 알게 될 것이다. 아렌트는 생각함과 말함의 중요성을 강조한다. 생각함과 말함의 무능력은 세계에 악행으로 드러난다. 아이히만이 악인이기에 악행을 저지른 것이 아니라 생각함과 말함에서 무능력했기 때문이며, 이 같은 무능력은 누구나 예외가 될 수 없을 정도로 일상적이고 평범해서 쉽게 악행을 저지를 수 있음을 잊지 말아야 한다.

2장
유대인 문제:
추방, 수용, 그리고 최종 해결

1961년 4월 11일 한 전쟁범죄자에 대한 재판이 열렸다. 이 재판은 이전과는 몇 가지 다른 방식으로 진행되었기에 전 세계의 이목을 끌었다. 하나는 재판이 열린 장소이다. 대부분의 전범 재판은 패전국이었던 독일의 뉘른베르크나 일본의 도쿄에서 열렸다. 하지만 이번 재판은 다름 아닌 이스라엘의 수도 예루살렘에서 열렸다. 다른 하나는 피고인석에 앉은 이다. 바로 아돌프 아이히만이었다. 그는 독일 SS 친위대 중령으로 치밀한 계획하에 움직이는 유대인 말살 정책의 실무자였다. 수많은 유대인을 죽음으로 몰았던 아이히만을 유대인의 심장부에서 유대인의 법으로 판결한다는 사건은 중요한 의미를 갖는 만큼 논

이스라엘 아얄론 교도소에 수감된 아이히만(1961)

쟁의 불씨를 안고 있었다.

재판에 대한 아렌트의 기록은 1963년 2월부터 다섯 번에 걸쳐 연재되었으며, 이후 『예루살렘의 아이히만』이라는 단행본 형태로 1965년에 간행된다. 이 장에서는 유대인 말살 정책에 관한 방대한 역사적 기록 가운데 일부 내용을 정책 시행 과정에서 아이히만이 담당한 실무와 연관해서 이야기해 보고자 한다.

1. 유대인이 가진 우연한 조건

사실상 전체주의는 20세기에 새롭게 등장한 통치 이념이 아니었다. 역사를 거슬러 오랜 옛날부터 '전체를 위한 개인의 희생'이라는 명분을 내걸어 통치자들이 수많은 인민을 다스려 왔으며 국가를 유지해 왔다. 전쟁의 명분이자 삶의 명분이 바로 전체주의였다.[15] 독일의 나치즘과 이탈리아의 파시즘으로 대표

---

15 "전체주의 운동은 원자화되고, 고립된 개인들의 대중 조직이다. […] 개인 성원에게 총체적이고 무제한적이며 무조건적이고 변치 않는 충성을 요구하는 것이다. […] 충성심은 완전히 고립된 인간에게서만 기대할 수 있다. 그런 사람은 가족이나 친구, 동료와는 사회적 유대관계도 없고, 심지어 단순히 아는 사람도 없이 단지 운동에 속해 있다는 사실과 당원 자격으로부터 사회적 존재의 의식, 즉 이 세상에 자기 자

되는 20세기의 전체주의는 인간 그 자체의 삶을 부정하는 반이성적이며 비인간적인 양태로 나타나, '전체를 위한 개인의 희생'이라는 단순 명제로 설명될 수 없는 복잡한 통치 이데올로기로 나타났다. 그리고 두 차례의 세계대전을 통해 그 잔혹함을 드러냄으로써 당시 사상가뿐만 아니라 현재의 우리에게도 치열한 사상적 격변을 겪게 하는 전례 없는 사건이 되었다.

특히 독일 나치의 정치적 행보는 그 화살이 유대인을 향하고 있었다. 왜 굳이 유대인이어야 했는가? 물론 많은 이들은 독일 나치의 인종 차별주의에 근거한 박해와 말살의 대상이 유대인에게 집중되었던 것은 우연이라고 생각했다. 당시 독일을 비롯한 유럽 전역에 퍼져 있던 민족주의적 색채와 외국인에 대한 차별 정책이 맞물리면서 유대인에 대한 반감이 커진 것은 사실이다.[16] 또한 당시 독일에서 우월한 사회적 지위를 담보하고 있

리가 있다는 의식을 이끌어 낸다." 아렌트, 『전체주의의 기원』 2, 43-44쪽.

16 홀로코스트의 가장 큰 희생자는 유대인이다. 그래서 히틀러의 나치즘이 유대인에 대한 지독한 혐오를 대량학살이라는 참혹한 사건과 연결 짓는 것을 당연하게 생각한다. 하지만 그 체계적인 공장에서 독일군에게 죽임을 당한 사람은 유대인만이 아니라 러시아 사람, 폴란드 사람, 슬라브 사람, 동성애자, 체제에 반대하는 지식인, 장애인도 있었다. 또한 그런 학살에 참여한 나라가 독일만이 아니라는 것도 알고 있다. 헝가리, 루마니아, 폴란드, 그리고 이탈리아도 그 일에 참여했다. 유대인 학

던 유대인을 적대시함으로써 독일 국민을 단합시키고자 한 민족주의적 전략의 하나였다고도 이야기한다.

하지만 이런 상황에 대해 아렌트는 다음과 같이 분석한다. 원인과 결과 사이의 엄청난 모순은 우리의 상식에 심히 어긋난다고 말이다. 반유대주의는 유대인이 공적 기능과 영향력을 잃고 재산 외에는 아무것도 가진 것이 없었을 때 절정에 달했다. 그 어떤 결정권도 가질 수 없는 상황, 그래서 그대로 두어도 스스로 몰락할지도 모를 상황에서 쓸데없이 가속화한 것처럼 보인다는 것이다.[17]

당시 유럽 전역에 퍼져 있던 반유대주의 정책과 비교해 볼 때, 독일 나치가 펼친 유대인 정책에 대한 시대적 비판이 격렬했던 것은 당시 유대인을 말살할 만한 구체적인 역사적 조건을 갖추지 못했기 때문이다. 오히려 국가적 혼란을 피하기 위한 통치 이념으로서의 민족주의 혹은 나치즘을 확고히 하기 위한

살로 스위스 은행들은 돈을 벌었으며, 바티칸 역시 적극적이진 않지만 반대하지 않았다. 미국과 영국은 그 상황을 멈추게 하거나 더디게 할 기회를 계속 미루었다. 독일이 중심이 되긴 했으나 전 세계가 반인륜적 사건에 침묵하거나 시선두기를 회피하였다는 점은 기억해야 할 것이다. 데릭 젠슨, 『문명과 혐오』, 479-480쪽 참조.
17 아렌트, 『전체주의의 기원』 1, 83-85쪽 참조.

도구가 필요했을 뿐이다.[18] 안타깝게도, 그리고 우연히도 유대 민족이 그 조건에 부합했다.

2. 유대인 말살 정책의 시작

국가적 혼란과 국민적 불만을 잠재우는 데 적절한 방법 중 하나가 전쟁이다. 바쿠후 시대를 통일하고 일본의 통합을 겨냥했던 도요토미 히데요시는 명나라로 진격하기 위해 조선을 전쟁의 제물로 삼았다. 마찬가지로 제1차 세계대전의 패전으로 독일이 지게 된 전쟁 분담금에 대한 부담과 경제적 불안을 해소하고 국민의 불만을 잠재우기 위해 다시 전쟁을 일으키는 것은 예측 가능한 순서였다. 하지만 여기에 좀 더 자극적인 무언가

---

18 "나치 선전의 가장 효과적인 허구는 유대인의 세계 음모 이야기였다. [⋯] 전후 반유대주의 선전의 실제 내용은 나치의 전유물도 아니었고 특별히 새롭고 독창적인 것도 아니었다. [⋯] 유대인의 세계 권력에 관한 과장된 생각은 오히려 더 오래된 것이다. 그것은 유대인들의 사업과 국민 국가 사이의 밀접한 결합이 가시화된 18세기 말까지 거슬러 올라갈 수 있다. [⋯] 유대인들에 관한 중요한 사실은 그들이 지닌 실재의 영향력과 권력의 지위에 반비례하여 더 유명해지고 부각되었다는 것이다. 국가의 안정을 유지하고 권력을 지속적으로 장악하기 위해서는 유대계 주민들과 맺은 관계를 무효화시켜야 했다." 아렌트, 『전체주의의 기원』 2, 91-92쪽.

가 필요했던 나치 정권은 정치적 국면 해소를 위한 화살을 유대인에게 겨냥하였다.

대부분의 유럽 국가들이 펼친 반유대주의 정책은 자기 영역으로부터 유대인을 제거하거나 그들의 정치적 권리를 박탈하는 방향으로 진행되었다. 마찬가지로 독일 나치 역시 유대인 제거를 중요시하였다. 이것은 신체적 죽음이라기보다는 자신들의 삶의 영역으로부터 그들을 몰아내는 것을 의미했다. 나치 정권은 제거하고자 하는 대상의 법적 권리를 제한함으로써 그 토대를 마련했다.

총체적 지배를 향한 최초의 중요한 행보는 사람에게서 법적 인격을 죽이는 것이다. 일차적인 방법은 일정한 범주의 사람들을 법적으로 보호하지 않고 동시에 국적 박탈이라는 수단을 통해 비전체주의 국가들에게 위법을 인정하도록 강요하는 것이다. 또 다른 방법은 강제수용소를 정상적인 형벌 체계의 밖에 두고 피수용자를 정상적인 법적 절차, 즉 일정한 범죄에 예측할 수 있는 처벌이 따르는 그런 절차 밖에서 선발하는 것이다. (OT2, 235)

이러한 행보에 발맞춰 나치 정권이 수행한 유대인에 대한 첫 번째 해결책은 영역으로부터의 추방이었다. 이 임무는 아이히만에게 맡겨졌다. 오스트리아 빈에서 시작된 유대인 강제 이주 시행 업무는 짧은 시간에 아이히만을 하급 중대 지휘관에서 최고 중대 지휘관으로 승진시켰으며, 이후 상급 대대 지휘관에 오르게 만든다. 아이히만이 오스트리아 빈에서 활동하던 8개월 동안 4만 5천 명의 유대인이 오스트리아에서 떠났지만, 같은 기간 독일에서는 기껏 1만 9천 명이 떠났다. 18개월 만에 오스트리아에 거주하는 유대인 인구의 약 60%인 10만 5천 명이 오스트리아에서 '정화'되었다. 그러나 이 일을 계획한 실제 장본인인 하이드리히의 상세 지령에 따라 빈에서 활동한 것임에도, 변론 당시 이 부분에 대해 아이히만은 그 계획을 스스로 생각한 것인 양 모호하게 답변했다. 그로써, 총괄적인 책임이 아이히만에게 있다는 환상을 이스라엘 당국으로 하여금 품게 했다. 유대인 추방 계획이 누구의 생각에서 나왔든, 아이히만은 자신의 출세가 4, 5년 만에 빠르게 진행되었다는 것을 인식하지 못할 만큼 열정적으로 유대인 강제 이주와 관련된 능력을 발휘했다. 그로 인해 아이히만은 '유대인 문제', 즉 유대인 조직과 시온주의 당파들과 관련된 복잡한 문제의 전문가일 뿐만 아니라 이주와 말살의 권위자로, 사람들을 이동시키는 전문가로 인정받았다.[19]

1939년 3월 히틀러는 체코슬로바키아로 진입해서 보헤미아와 모라비아에 독일 보호령을 내렸다. 아이히만에게는 프라하에 유대인 이주 본부를 만드는 명령이 내려졌으나 쉬운 일은 아니었다. 해외로 이민 가는 길은 막혔고, 유대인 이주라는 기적은 일어나지 않았다. '강제 이주'가 유대인 문제를 해결하는 데 공식적인 방법이긴 하지만 이제는 가능하지 않다는 결론에 도달하자, 이 문제를 해결할 다음 단계로의 진입이 필요했다. 그것은 바로 수용이었다. 하지만 유대인을 수용할 만한 곳을 쉽게 찾을 수 없었을 뿐만 아니라 몇몇 국가들에서는 유대인을 받아들이려 하지 않았다. 문제를 해결할 대안은 계속해서 마련되어야 했으며, 이 상황에서 자신의 능력을 인정받고 싶어 했던 아이히만에게 새로운 계획이 전달된다. 바로 마다가스카르 계획이다.

---

19 아렌트, 『예루살렘의 아이히만』, 125-126쪽 참조.

1940년 여름, 이주 사업이 완전히 중지되면서 4백만의 유대인을 마다가스카르로 이동시킬 세부 계획을 수립하라는 명령이 아이히만에게 내려졌다. 마다가스카르 계획은 유럽을 유대인이 없는 지역으로 만들고자 하는 것이었지만, 그들을 이동시키고 그들만의 게토를 만들 만한 영역을 확보하기는 쉽지 않았다. 유대인을 옮겨 놓을 수 있는 어떠한 지역도 존재하지 않았기 때문에 유일한 해결책은 유대인의 전멸뿐이었다. 결국 보헤미아와 모라비아를 유대인이 없는 지역으로 만든다는 것은 유대인이 쉽게 '죽음의 센터'까지 이송될 수 있도록 한 지점으로 이동시켜 수용한다는 것을 의미할 뿐이었다. 하지만 이 모든 유대인 해결책은 독일의 러시아 침공 이후 방향을 선회한다.

"총통께서는 유대인의 신체적 전멸을 명령하셨다."

독일뿐만 아니라 유럽 전역에서 모든 유대인을 전멸시키기 위한 정책이 진행되었다. 이 정책을 시행하기 위하여 독일 나치는 두 가지 기준을 제시하였다. 하나는 법적인 것으로, 유대인의 국적을 박탈하여 무국적자로 만드는 특별법을 제정하여 다른 나라로의 추방을 수월하게 만드는 방법이다. 다른 하나는 경제적인 것으로, 유대인을 제거하는 비용을 받는 대신 유대인이 소유하고 있던 재산에 대한 소유권을 주장하지 않는 방법이다.

서유럽으로부터 발칸 지역으로, 그리고 중부 유럽에 이르기까지 독일 나치의 주도하에 다양한 방식으로 유대인 이송 정책이 시행되었다. 예를 들어 당시 프랑스의 비시 정부는 반유대인 법률을 도입하고 유대인 문제를 다루는 특별부를 설립하여 유대인을 국외로 추방하는 반유대주의 정책을 펼쳤다. 국수주의적 성향의 인종 중심주의와 직결된 프랑스의 유대인 정책은 특히 외국계 유대인의 이송 작전에 집중된다. 1942년 여름과 가을 동안 2만 7천 명에 달하는 무국적 유대인이 아우슈비츠로 이송되었다고 한다.[20] 또한 유럽 전역에서 가장 반유대주의가 심했던 루마니아의 경우, 독일 편에서 전쟁에 참여하기도 전에 자국에 거주하는 모든 유대인을 무국적자로 선포하고, 혹독한

---

20 하지만 프랑스 비시 정부는 독일이 요청한 자국계 유대인의 이송 정책에 대한 거부권을 강력하게 행사하였고, 결국 독일은 프랑스를 상대로 한 유대인 이송 정책을 전면 수정할 수밖에 없었다.

반유대인법을 제도화했다. 유대인 정책에 대해서 히틀러가 초조해할 만큼 항상 한 걸음씩 앞섰던 루마니아는 유대인을 아우슈비츠로 이송하는 대신 자국 내 강제수용소를 만들어 교묘하고 잔혹한 방식으로 학살에 참여하였다고 한다.[21]

1943년 6월 30일, 히틀러가 희망한 것보다 한참 지난 뒤에야 제국에 유대인은 존재하지 않는다는 선포가 이루어졌다. 얼마나 많은 유대인이 실제로 이 지역에서 이송되었는지에 대한 정확한 수치는 존재하지 않는다. 아마 수백, 기껏해야 수천의 사람들이 숨거나 전쟁 기간에 살아남을 수 있었을 뿐이다.[22]

히틀러가 주도한 유대인 이주 정책은 그들을 수월하게 통치하기 위해 한 지역에 유대인을 집중시키는 것이 아니라, 독일을 넘어 유럽 전역에 있는 모든 유대인을 전멸시키는 것을 목적으로 하였다. 그리고 그 명령을 철저하게 계획하고 실행에

---

21 유대인 학살 방식으로 '루마니아 스타일'이 있다. 이는 5천 명을 열차 화물칸에 발디딜 틈 없이 태우고는 여러 날 동안 목적지도 계획도 없이 교외를 계속 달리게 하여 질식사하도록 하는 것이다. 그리고 이 살해 작전이 완료되면 유대인 도살장에 시신들을 전시했다고 한다. 그 외 유대인 이송 정책과 관련된 각 나라의 상황은 『예루살렘의 아이히만』 9장에서 12장을 참조하기를 바란다.
22 아렌트, 『예루살렘의 아이히만』, 240쪽.

옮긴 이가 바로 아이히만이다. 그의 행동은 당시 나치 정권 아래에서는 예외적인 것이 아니었으며, 국가의 업무를 수행하는 공무원으로서 해야 할 국가적으로 공인된 행위이자 직업적인 의무이기도 했다. 이 때문에 독일 나치 법정이 아닌 다른 나라의 법정에서 재판권이 행사될 수 없다는, 그래서 이기면 훈장을 받겠지만 패배하면 교수대에 오를 일밖에는 없다는 그의 표현은 맞는 말일지 모른다. 하지만 아이히만이 수행한 업무는 인간성 자체를 말살하고자 한 반인륜적 행위였다. 아무리 공적 업무라고 하여도 자신이 해야 할 일이 무엇인지, 어떤 결과를 가져올 것인지 생각했어야만 했다. 그러나 그는 자신의 업무로 인해 벌어질 일들을 고려하지 않았으며, 그로부터 느껴야 할 도덕적 책임과 양심의 가책도 염두에 두지 않았다.

물론 아이히만은 유대인을 수송하는 과정에서 직접 맞닥뜨린 죽음의 현장에 펼쳐진, 이전에는 결코 본 적이 없었던 끔찍한 장면들로 불면증과 악몽에 시달린다고 상관에게 이야기했지만 소용없었다고 진술하였다. 그의 진술은 재판이 시작되기 오래전에 입증이 되었으며 반복적으로 고백한 것이기에 검토할 만한 것은 아니었다고 한다. 하지만 소송을 위한 사실이 확인되었다고 하더라도 이에 대한 법적 의문을 제기할 수 있다. 죽음의 위협에서 벗어나기 위해서 어쩔 수 없이 한 행동이기에 형사적 처벌을 면할 수 있느냐 하는 것이다. 아이히만은 죽음의 위협을 받지 않았으며, 오히려 자신이 맹세한 대로 모든 명령에 복종했고, 의무를 완수하는 데 상당한 자부심을 가졌다고 말하였다. 더구나 자기 자신의 양심을 무마시킨 가장 큰 요소는 실제로 최종 해결에 반대한 사람을 한 명도, 단 한 명도 볼 수가 없었다는 단순한 사실이었다고[23] 아이히만은 주장한다.

3. 정언 명법의 왜곡과 조작된 언어

단지 유대인이라는 이유만으로 한 민족을 역사로부터 제거하려고 했던 독일 나치의 정책이 짧은 시간 동안 계획적으로 진행될 수 있었던 이유는 무엇인가? 반인륜적 폭력이 저질러지는 상황에서 독일인이 저항하지 않고 복종하도록 어떻게 만들

---

23 아렌트, 『예루살렘의 아이히만』, 186쪽.

었을까? 거대한 폭력 앞에서 사람들을 움직이게 만든 것은 무엇일까? 내외부적 강압 없이 모두가 찬동하는, 혹은 모두가 침묵하는 일이 가능할까?

1940년대 전체주의가 보여 준 반이성적인 상황은 우리에게 여러 의문을 품게 만든다. 그 의문의 답은 각자의 위치에서 각자의 방식으로 다양하게 나오리라 생각된다. 이러한 의문에 관해 아렌트는 아이히만 재판을 참관하면서 두 가지 부분을 지적한다. 하나는 칸트의 정언 명법[24]을 왜곡함으로써 히틀러의 명령에 대한 복종을 윤리적 행위로 받아들였던 아이히만 개인의 문제이며, 다른 하나는 치밀하게 계획된 언어 사용을 통해 유대인 말살이라는 반인륜적 사건의 본위에 대한 인식 자체를 불가능하게 만든 언어적 문제이다.

---

24 정언 명법은 형식주의 윤리학에서 칸트가 제시한 기본적인 도덕 원리이다. "나의 준칙이 언제나 동시에 하나의 보편적인 법칙이 될 수 있기를 내가 바랄 수 있는 그런 준칙에 따라서만 행위하라"는 공리에 준하여, 우리가 행하는 행위가 다른 모두에게 행위할 만하다, 혹은 선하다고 도덕적 승인을 받게 될 때, 즉 행위 명제가 보편적 일반화 가능성을 획득하게 될 때, 그것을 도덕적 행위 명제로 받아들일 수 있다는 원리를 가리킨다.

1) 왜곡된 정언 명법

아이히만과 히틀러의 관계, 그리고 그 안에서 기준으로 작동한 왜곡된 정언 명법에 대해 생각해 보자. 아이히만에게 중요한 것은 자기 일에 대한 비판적 사유가 아니라 명령을 성실하게 수행하는 것이었다. 그리고 수백만 유대인을 가스실로 보내면서 느꼈어야 할 양심의 가책보다는 자신이 해야 할 일을 제대로 수행했다는 데서 오는 만족감이 더 중요했다. 경찰 조사에서 필요하다면 아버지조차 가스실로 보낼 수 있다고 말했을 때, 그는 자신이 명령을 시행해야 하는 처지에 있었고 그 명령에 복종할 준비가 어느 정도 되었는지를 증명하고자 했다고 강조했다. 그에게서 완벽한 이상주의는 자신의 개인적 감정을 따르는 것이기도 하지만 자신의 이상과 갈등을 일으켰을 때 자신의 행동을 방해하는 그 어떤 것도 허용해서는 안 된다는 것이다.

아이히만의 생각과 판단, 그리고 행동은 스스로 결정한 것이 아니었다. 스스로 존경한다고 생각하는 누군가에 의해 결정된 것이었다. 아이히만이 존경하고 본받아야 한다고 생각했던 성공 모델, 그의 모든 것을 결정한 인물은 다름 아닌 아돌프 히틀러였다.

모든 것이 틀린 것은 아니고, 이 하나만큼은 논쟁의 여지가 없습니다. 그 사람은 노력을 통해 독일 군대의 하사에서 거의 8백만에 달하는 사람의 총통의 자리에까지 도달했습니다. 그의 성공만으로도 제게는 이 사람에 복종해야만 할 충분한 증거가 됩니다. (*EJ*, 196)

삶의 성공을 열정적으로 꿈꾸었던 아이히만에게 노력을 통해 총통의 자리에 오른 히틀러만큼 위대한 인물은 없었다. 그가 가진 삶의 목적은 바로 히틀러처럼 되는 것이었다. 그래서 그가 명령하는 것이라면 무엇이든 옳은 일이었으며, 자신의 성공을 위해서는 반드시 지켜야만 하는 법이었다. 아이히만에게 중요한 것은 자신의 행위에 대한 윤리적 가치나 자유로운 사유와 판단이 아니라 히틀러를 닮고 히틀러처럼 성공하는 것이었다. 히틀러의 말은 곧 법이며 수행해야만 하는 절대명령이었다.

독일의 제3제국에서 결정을 했거나 할 수 있었던 사람은 단 한 명뿐이었으므로 정치적으로는 그에게 전적인 책임이 있다. 그 한 명이 바로 히틀러 자신이었다. 그래서 그는 언젠가 어떤 과대

망상적인 발작 수준에서가 아닌 매우 정확한 판단에서 독일 전체
를 통틀어 유일하게 대체 불가능한 사람은 자신뿐이라고 말했던
것이다. (*RJ*, 101)

히틀러가 통치하던 당시 독일 나치는 총통의 명령이 새로운
법이었다. 명령의 준수는 곧 법의 준수이며, 그 법을 지키는 것
은 시민의 의무였다. 아이히만을 비롯한 독일인이 준수해야 할
법이자 명령이 실제로 명백한 범죄였음에도 말이다. 명백한 범
죄일지라도 그것이 국가의 총통인 히틀러가 결정한 것이라면
행위의 정당성과 합법성을 갖게 된다. 모든 결과에 대한 책임
역시 행위자가 아닌 명령을 내린 자에게 있다. 따라서 명령을
따르는 것은 위법이 아니다.

히틀러 정권의 경우 […] 범죄가 아닌 국가의 통치 행위는 하나
도 없었다. 그러므로 그것은 더 이상 범죄 행위가 아니었다. (*RJ*,
113)

유대인 학살이라는 도덕법칙과 윤리관, 양심을 벗어난 범죄

행위는 독일 나치의 법에 따라 정당화되지만, 전쟁이 끝난 후 법정에서 그들의 행위는 단죄될 수밖에 없다. 아이히만은 자신의 행위를 정당화하는 데 이 논리를 적용한다. 신 앞에서는 유죄이지만 법 앞에서는 무죄라고 말이다.

> 그들은 모든 도덕적 행위가 비합법적이고 모든 합법적인 행위가
> 모종의 범죄가 되는 조건 아래서 행동했기 때문이다. (RJ, 115)

놀라운 것은 아이히만이 경찰 신문에서 자신이 칸트가 말한 의무에 대한 정의를 따라 살아왔음을 밝히며, "제가 말하려 한 것은, 나의 의지의 원칙이 항상 일반적인 법의 원칙이 될 수 있도록 해야 한다는 것"이라고 정언 명법을 언급한 점이다.[25] 도덕법칙에 따른 선한 행동을 요청하는 칸트의 도덕철학을 아이히만은 독일 나치의 법령 아래에서 자기 의도에 맞춰 변형시킨다. '국가에 의해 합법화된 범죄의 시대'에는 칸트의 정식이 적용될 수 없기에 '기각'됐을 뿐만 아니라 다음과 같이 왜곡되었

---

25 아렌트, 『예루살렘의 아이히만』, 210쪽.

다. 즉 당신의 행동 원칙이 이 땅의 법 제정자의 원칙과 같은 한에서 행위를 하라든가, "만일 총통이 당신의 행위를 안다면 승인할 그러한 방식으로 행위하라"는 식으로 말이다.[26]

> 칸트적 정신이란, 인간은 법에 대한 복종 이상을 행해야 한다는 요구, 단순한 복종의 요구를 넘어서 법의 배후에 있는 원리와 자신의 의지를 일치시켜야 한다는 요구뿐이다. 칸트의 철학에서 그 원천은 실천이성이었다. 아이히만이 말하는 칸트의 가정적 사용에서 그 원천은 총통의 의지였다. (*EJ*, 211)

군이 칸트의 도덕법칙을 따르지 않는다고 하여도, 사람들은 대부분 어떤 행동을 할 때 마음에 거리낌이 있는가 없는가에 따라 옳고 그름을 구분한다. 즉 양심에 따라 판단하고 행동한다. 그러나 아이히만에게, 혹은 당시 독일 나치의 구성원에게 모든 행동의 옳고 그름을 구별하는 기준은 히틀러의 명령이었다. 그의 명령이 정의이며 법이다. 그래서 히틀러의 법은 비록

---

26 아렌트, 『예루살렘의 아이히만』, 210-211쪽.

살인이 사람의 정상적인 욕구와 성향에 반한다는 것을 아주 잘 알고 있다고 하더라도 양심의 소리가 모든 사람에게 "너는 살인할지어다"라고 말하기를 요구한다.[27]

> 우리가 모두 죄인이라면 어느 누구도 죄인이 아닌 것이다. 죄는 책임과 달리 항상 누군가를 지목하는 특성이 있다. 죄는 엄격히 개인적인 특성을 띠기 때문이다. 그것은 의도나 잠재성이 아니라 특정 행위를 지목한다. 우리는 단지 은유적인 의미로만 우리 아버지의, 국민의, 혹은 인류의 죄에 대해서, 요컨대 우리가 하지 않은 행위들에 대해서 죄의식을 느낀다고 말할 수 있다. 비록 사건의 전개 과정이 우리로 하여금 대가를 치르게 할 수 있을지라도 말이다. (RJ, 277-278)

모두가 그릇된 행동을 하는 가운데 혼자만 올바른 행동을 한다면, 옳고 그름의 수식어는 그 위치가 뒤바뀔 것이다. 옳은 것이 그른 것이 되고 그른 것이 옳은 것이 되는 상황, 그래서 옳고

---

27 아렌트, 『예루살렘의 아이히만』, 226-227쪽.

그름을 제대로 판단할 수 없는 그 순간을, 아이히만을 비롯한 국가 구성원은 피할 수 없었다. 이들에게는 주어진 명령에 복종하는 것을 제외하고 할 수 있는 것이 없었다. 명령에의 순전한 복종이 옳음의 편이다. 그 내용이 설령 살인일지라도 말이다. 모두가 죄를 짓는 순간 죄인은 사라진다.

2) 조작된 언어

다음으로 언어적 측면을 살펴보자. 어떤 행동에 대해 옳고 그름을 구분하는 판별력을 잃는다는 것은 한 사람의 영향력만으로는 어려울 것이다. 아무리 히틀러의 명령이 강력한 힘을 발휘한다고 할지라도 주변 상황이 그에 상응하는 역할을 해 주어야만 맹목적인 침묵과 복종이 가능할 것이다. 독일 나치를 통치하면서 히틀러는 민족적·문화적 차원에서 국민의 의식을 통일시키는 데 집중했다. 정치적·경제적 불안감을 유대 민족에게 집중시킴으로써 게르만족의 일치를 주도하였을 뿐만 아니라 레니 리펜슈탈의 〈의지의 승리〉(1935)나 〈올림피아〉(1938) 같은 프로파간다(선전용) 영화를 통해 민족의식을 고취함으로써 국민을 통제하였다. 그리고 대중의식을 통제하기 위해 일상 언어의 정치적 사용을 강화하였다. 특히 유대인 문제와 관련해서는 직접적인 단어 사용을 금지하고 일종의 언어규칙을 만들어 사용하도록 했다. 조작된 언어는 문제의 중요성이나 심각성을 인지하지 못하게 만든다. 그래서 나치의 언어규칙은 유대인 문제가 반인륜적이며 비윤리적인 행위임을 자각하지 못하게 만드는 효과를 가져왔다.

일상 언어는 부지불식간에 사람들의 의식에 영향을 미친다. 우리에게도 비슷한 사례가 있었다. '동무'라는 단어를 생각해 보자. 친하게 지내는 또래를 가리키는 말이다. 하지만 한동안 이 단어를 쓸 수 없었다. 반공 정책이 강화되던 시기, '동무'는 북한에서 상대방을 가리키는 단어로 쓰이면서 공산주의 색채가 덧씌워졌고, 그 후 일상어로 사용되지 못했다. 가볍게 생각했던 단어 하나가 갖는 힘은 우리의 예상을 뛰어넘는 것이다. 다른 예를 생각해 보자. 마약 김밥, 마약 떡볶이 등, 맛있는 음식에 '마약'이란 수식어를 붙인다. 너무 맛있어서 끊을 수 없을 정도로 중독성이 강하다는 의미로 쓴다. 하지만 실제 마약은 향정신성 의약품으로 인간의 삶을 망가뜨리는 위험한 약물이다. 극단적인 은유 표현이긴 하지만 마약이란 단어가 다른 방식으로 일상화된다면 마약의 본래 의미가 훼손되면서 우리의 일상을 무너뜨릴 수도 있다. 생각 없이 사용하는 일상 언어가, 가랑비에 옷 젖는 줄 모르듯, 우리의 실제 삶 전반에 영향을 미치는 것이다. 유대인 말살 정책에 대한 나치의 언어규칙 역시 이와 다르지 않았다.

돌격대로부터 오는 보고서를 제외하고 '제거', '박멸' 또는 '학살' 같은 명백한 의미의 단어들이 쓰여 있는 보고서를 발견하기는 거의 드문 일이다. 학살을 처방하는 암호는 '최종 해결책', '소개疏開'와 '특별취급' 등이었다. 이송에는 '재정착'과 '동부 지역 노동'이라는 이름이 붙여졌다. (EJ, 149)

오직 '비밀을 가진 자들'만이 암호화되지 않은 언어로 말할 수 있었다. 더욱이 '언어규칙'이란 용어 자체가 암호였다. 그 말은 일상어로는 거짓말이라고 부를 수 있는 것을 지칭할 수 있었다. […] 이러한 거짓말 체계의 통상적 효과는 자신들이 하는 일을 그와 같은 사람들이 모르도록 하는 것이 아니라, 살상과 거짓말에 대한 그들의 오랜 '정상적인' 지식과 동일시하지 않도록 만들기 위한 것이었다. 아이히만이 구호와 관용구에 쉽게 감염된 점은 그가 일상적 언어 사용을 하지 못한다는 점과 결부되어, 그는 '언어규칙'에 대해 이상적인 존재가 되었다. (*EJ*, 150)

외적인 강제로 어쩔 수 없이 상황에 복종하는 경우가 있다. 그럼에도 자각 능력이 살아 있다면, 자신이 한 행위에 양심의 가책을 느끼고 반성할 여지는 있는 것이다. 하지만 내적으로 조작되어 그 사실을 제대로 인지하지 못하는, 다시 말해 자각 능력이 상실된 상태라면 도덕적 상황이 뒤바뀐다 해도 인지하기 어려울 것이다. 독일 나치가 계획한 언어규칙은 그 부분을 염두에 두었다. 우리에게 반감을 불러일으키는 단어의 직접적인 사용을 피하면 언어에 내재한 감정이나 의미 자체를 인식하지 못한다. 그래서 윤리의식이나 양심에서 벗어난 생각과 판단, 그리고 행동에 대한 책임을 인지하지 못하고 현실감을 상실하게 된다. 폭력적인 행위에 가담하게 되더라도 의식에 각인된 '조작된 언어'는 양심의 가책이나 윤리적 불안감을 느끼지 못하게 만든다. 더구나 조직된 언어에서 행위의 도덕성은 전혀 다른 것이 되어 다가온다. 살인이 살인이 아닌 것처럼, 도둑질이 도둑질이 아닌 것처럼 말이다. 독일 나치는 유대인 말살 정책에 이러한 조작된 언어를 적절하게 적용해 그 영향력을 극대화하였고, 수많은 유대인이 그로 인해 희생되었다. 그리고 자신이 저지른 잘못을 제대로 해석해 내지 못하는 생각함의 무능력을 보여 준 아이히만은 그로 인해 예루살렘 법정에 서게 됐다.

3장
신 앞에서는 유죄지만
법 앞에서는 무죄다

세계대전과 전체주의 국가의 폭력으로 20세기는 시작된다. 국가 간 전쟁과 전체주의적 통치는 이전에도 있었다. 하지만 세계대전은 전 세계를 전쟁의 화마 속으로 밀어 넣고, 온 인류는 신체적·정신적으로 큰 상처를 입었다. 더구나 나치즘과 파시즘으로 대변되는 20세기의 전체주의 국가는 이전의 통치 방식과는 다른 행보를 보였다. 특히 독일 나치에 의한 집단수용소 운영과 유대인 학살 사건은 인간 이성이 어디까지 추락할수 있는지를 보여 준 엄청난 사건이었다.

이에 맞서 인간은 어떻게 대응해야 하는가? 수많은 정치인과 지식인이 그 해답을 찾고자 고심하였다. 전체주의라는 어두운

아이히만의 재판이 진행 중인 예루살렘 법정(1961)

시대를 온몸으로 경험하였던 아렌트 역시 '우리에게 필요한 것이 무엇인가'라는 시대적 요청에 답을 하기 위해 고민하였다. 오랜 숙고 끝에 아렌트는 '참다운 정치'를 회복해야 한다는 결론에 이른다. 그녀에게 '자유의 실현'과 동의어인 참다운 정치는 자유롭게 생각하고 말하며 함께 어울려 사는 세계를 만들어가는 것, 다시 말해 정치적 인간으로서의 본래 모습을 찾아 삶을 꾸리는 것이다. 예루살렘에서의 운명적인 만남은 이러한 그녀의 생각이 잘못되지 않았음을 증명해 준다. 유대인 문제에서 '최종 해결'의 실무자였던 아돌프 아이히만과의 만남이었다.

'신 앞에서는 유죄지만 법 앞에서는 무죄'라는 아이히만의 말을 확인하기 위해, 재판에 참관했던 아렌트는 다음과 같은 결론을 내린다. 자기 자신뿐만 아니라 다른 사람을 위해서 생각하지 않는 무능력, 그리고 자기 생각을 자유롭게 말하지 못하는 무능력이 바로 우리가 경계해야 할 악함이라고 말이다.

1. 침묵의 기억, 떠도는 시간

두 차례의 세계대전으로 그 잔혹함을 드러냈던 20세기의 전체주의는 당시 사상가뿐만 아니라 현재의 우리에게도 치열한 사상적 격변을 겪게 하는 전례 없는 사건이었다. '전체를 위한 개인의 희생'이라는 단순 명제로 정의되지 않는 20세기의 전체주의는 인간으로서 할 수 없는 잔혹한 일이 서슴없이 자행되었던 폭력의 시대이며, 인간이 인간으로 대우받지 못한 비인간의 시대였다. 특히 독일계 유대인이었던 아렌트에게 독일 나치의 박해로 인한 집단수용소 생활과 미국으로의 망명, 그리고 그곳에서 시민권을 얻기까지 무국적자로서 보냈던 긴 시간은 삶의 고단한 시련기였다. 그러나 그녀는 시련을 겪은 만큼 철저하게 무장된 사상과 이론으로 신념 어린 삶을 살게 된다.

유복한 가정에서 태어나 사는 데 별 어려움이 없었던 아렌트는 어린 시절 아버지의 죽음 이후 많은 변화를 겪었다. 자녀를 양육하기 위한 어머니의 재혼, 제1차 세계대전 이후 혼란스러웠던 독일의 정치적 상황은 아렌트가 학문적으로 성장하는 자양분이 되었다. 더구나 마르부르크대학에서 하이데거를 만난 이후 갖게 된 독일 문학과 철학, 그리고 신학에 대한 폭넓은 관심은 아렌트의 정신세계를 풍부하게 만들었다. 또한 여러 부류의 사람을 만나면서 학문적으로 성장하였을 뿐만 아니라 정치적으로 공적 활동에 참여하기도 하였다.

유대인으로서 자기 정체성을 인식하고 라헬 파른하겐처럼 의식 있는 패리아로서의 삶을 살고자 노력하였던 아렌트는 시온주의 운동에도 참여하게 된다. 이 일로 그녀는 어머니와 함께 파리 망명길에 오른다. 파리에서 지내는 동안에도 다양한 사회적 활동을 벌이던 아렌트는 좌파 인사의 은신처를 마련해 주었다는 혐의로 체포되어 투옥되었다가 스페인 난민과 국제 여단 회원을 수용하는 집단수용소로 이송된다.

20세기 전체주의 시대를 살아가는 사람들에게, 그리고 특히 아렌트에게 집단수용소에서의 삶은 중요한 의미가 있다. 전쟁법상 집단수용소에 수용된 포로는 인간으로서 최소한의 대우를 받는다. 여기에는 아무리 전쟁 중이더라도 적이기 전에 인간이라는, 인간에 대한 존엄성이 전제된다. 하지만 독일 나치가 운영한 집단수용소는 인간으로서 포로를 수용하는 집단적 장소가 아니었다. 특히 유대인을 수용한 강제수용소나 집단학살 수용소는, '모든 것이 가능하다'는 전체주의의 기본 신앙이 실증될 수 있는 실험실 기능을 담당하였다. 이곳에서 총체적 지배는 무한히 많고 다양한 인간을 마치 하나의 개인인 것처럼 조직하고자 한다.[28] 자신을 나타내는 모든 것이 제거되고 그저 숫자로 불리는 획일화된 인간이 모인 집단수용소는 단지 인간의 품위를 떨어뜨리기 위한 장소가 아니라 유기적 생명체로서의 인간을 생명력 없는 사물로 만드는 장소였다. 집단수용소는 살아 있는 사람이 아니라 반복적 운동을 지속하는 기계로 가득 찬 공장이었다.

찰리 채플린이 감독, 주연한 무성영화 〈모던타임스〉(1936)[29]에서 스패너를 쥔 주인공 찰리가 거대한 톱니바퀴가 돌아가는 공장에서 반복적으로 나사못을 조이는 장면을 본 적이 있을 것이다. 인간을 하나의 기계로 전락시키고 있는 당시 자본주의의 병폐를 날카롭게 비판할 때 이 장면이 주로 언급된다. 하지만

---

28 아렌트, 『전체주의의 기원』 2, 218쪽.
29 찰리 채플린이 감독하고 주연을 맡은 무성영화 〈모던타임스〉는 1936년에 개봉되었다. 공장에서 온종일 나사못 조이는 일을 하는 찰리는 눈에 보이는 것이라면 무엇이든 조여 버리는 강박관념에 빠지고 만다. 그로 인해 급기야 정신병원에 가게 되고, 거리를 방황하다 시위 군중에 휩쓸려 감옥살이까지 하게 된다. 몇 년 후 감옥에서 풀려난 찰리는 부모를 잃고 고아가 된 한 아름다운 소녀를 도와주게 되고 그녀의 도움으로 카페에서 일하게 되지만 우여곡절 끝에 다시 거리로 내몰리고 만다. 하지만 찰리는 절망 속에서도 아름다운 소녀와의 행복을 꿈꾼다. 〈모던타임스〉는 꿈꾸는 찰리의 여정을 담은 영화다. 공장의 기계 부품으로 전락하는 열악한 상황에서도 행복을 꿈꾸는 인간의 강인함을 보여 주고자 했던 영화로 기억된다.

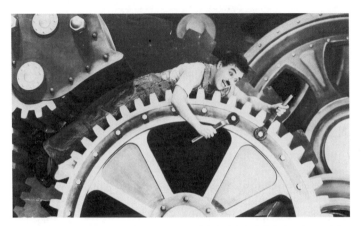

영화 〈모던타임스〉의 한 장면. 찰리 채플린이 거대한 톱니바퀴 안에서 반복적으로 나사를 조이고 있다.

이 모습은 물건을 생산하는 공장 노동자의 모습뿐만 아니라 전체주의 정권의 집단수용소에 수용된 포로의 삶을 보여 주기도 한다. 포로는 하나의 살아 있는 인간으로서가 아니라 수용소라는 거대한 공장에서 무의식적으로 반복 활동을 하는 기계와 동일시된다. 마치 나사못을 조이는 스패너로 전락해 버린 찰리처럼 말이다.

기계 부품이 되어 버린 이들에게는 어떠한 생각이나 판단이 허용되지 않는다. 그런 상황에서 사물에 대한 인식은 필요하지 않다. 수어진 명령에 절대복종하는 것만이 생명을 연장하는 유일한 길이다. 따라서 자신이 하는 일이 무엇이며 어떤 결과를 가져올지 생각하거나 판단할 필요가 없다. 그 일이 설령 이유 없이 누군가를 죽음으로 몰아가더라도 말이다. 죽음은 도덕적으로 판단되지 않는다. 전체주의 정권을 유지하는 데 필요한 것인지 아닌지만 생각하면 된다. 더구나 이 생각조차 스스로 할 필요가 없다. 그냥 주어진 명령을 따르면 된다.

스스로 생각하는 능력이 파괴된 사람은 자신의 상황이 어떠한지, 인간이라면 당연하게 가져야 할 덕목이 무엇인지, 그리고 그것을 박탈한 현실이 어떠한지 생각하지 못한다. 자신이 한 일이 비인간적이며 부도덕적이라도 말이다. 도덕적 기준이 사라진 상황에서 사람들은 자기 행동에 판단을 내릴 수 없다. 판단 자체가 무의미해진다. 그냥 정해진 것을 묵묵히 따르는 것이 도덕이며 정답이다. 도덕적 영역에서 설 자리를 잃은 사람들의 생존은 각자 개인에게 맡겨진 것이 아니라 그가 속한 전체주의 정권의 몫이다. 일상적인 도덕조차 허용되지 않는 현실은 살인조차 도덕이 되는 진공 상태가 된다. 삶이 죽음보다 못한 상황, 인간임을 스스로 인식하지 못하는 상황, 그 안에서 인간이 인간다운 삶을 지속할 수 없음은 당연한 결과였다.

그 어떤 판단도 가능하지 않은 상태에서, 최소한의 질서를 갖게 하는 공동체 구성원으로서의 법적 권리 또한 제약받는다. 생명과 재산 보호라는 기본적인 권리조차 박탈당한 채, 외적으로는 인격체로 인정받지만 실질적으로는 인간의 권리를 상실한 하나의 사물로 전락한다. 사물화된 인간은 스스로 할 수 있는 것이 아무것도 없다.

전체주의 국가의 모범적인 '시민'은 파블로프의 개이고 가장 기초적인 반작용으로 축소된 인간 표본이며 언제나 폐지되어 다른 것으로 대체될 수 있는 반응의 묶음, 똑같은 방식으로 행동하는 반응의 묶음이다. (OT2, 246)

죽을 것을 알면서도 가스실로 묵묵히 걸어가던 사람들, 그리고 그들의 학살에 가담하던 군인, 그들에게 스스로 선택하고 결정한 자발적 행동은 없다. 자신을 공동체에 가두고 집단의 명령을 따를 뿐이었다. 그들은 인간의 얼굴을 한 꼭두각시 인형이었으며, 파블로프의 개처럼 행동하고 반응하는 것 외에는 아무것도 하지 않는 인형이었다.

개성을 파괴하는 것은 환경과 사건에 대한 반응을 토대로 설명할
수 없는 어떤 것으로부터 새로운 것을 시작하려는 인간의 힘인
자발성을 파괴하는 것이다. 그렇게 하여 남는 것은, 자기 죽음 앞
에서조차 완벽하게 신뢰하며 반응하고, 그러한 반응만 하는 파블
로프의 개처럼 행동하는 인간의 얼굴을 한 섬뜩한 꼭두각시뿐이
다. (OT1, 455 / OT2, 245-246 참조)

자신이 누구인지를 알려 주는 이름을 빼앗기고 일련의 숫자
로 호명된다. 내 이름이 사라지고 숫자로 호명되는 순간, 한 인
간으로서 '나'는 사라지고 익명의 덩어리만 남는다. 집단수용소
에서의 삶은 '나'의 사라짐이다.

'나'가 사라진 시간은 죽음이다. 그 죽음의 시간과 마주한 순
간 아렌트가 느낀 것은 공포 그 자체였다. 망명자로서, 무국적
자로서 아렌트가 경험하고 느꼈던 길고 긴 어둠의 시간은 '인
간의 삶 그 자체인 정치가 무엇을 필요로 하는가'를 숙고하는
시간으로 이어졌다. 아렌트에게 정치는 권력자 사이에서 벌어

지는 헤게모니 쟁탈전이 아니라 인간다운 삶을 보장받기 위한 모든 인간의 자유로운 공적 행위다. 자유의 실현이 곧 정치다. 그리고 정치는 인간을 인간답게 만든다. 아렌트에게 필요한 것은, 살아 있음을 온몸으로 체험하기 위한 자유에의 갈망이었다.

자유가 박탈된 전체주의 시대는 독일계 유대인이었던 아렌트에게 암흑의 시대이며 자기 존재의 부재를 의미하는 시대였다. 꼭두각시 인형이 될 수밖에 없었던 집단수용소에서의 시간, 독일 나치의 박해에서 벗어나 국적 없이 망명자로 떠돌았던 시간, 그 긴 시간은 아렌트의 정신에 깊은 상흔을 남겼다. 더구나 치명적인 것은 인간다운 삶을 영유하기 위해 기본적으로 갖춰야 할 권리의 부재라는 정치적 상실이었다.

20세기 전체주의 국가들이 보여 주었던 폭력적 지배 형태는 단지 권력만을 탐하고자 하는 부조리한 정치의 양태는 아니었다. 두 차례에 걸친 세계대전이 가져온 물리적 폭력은 견디기 어려운 참상이었다. 그러나 그보다 더 견딜 수 없었던 것은 인간이 인간으로 대우받지 못하는 비인간적 상황이었다. 무의미하게 반복되는 하루하루, 생각은 할 수 있지만 표현할 수 없는 침묵이 강요된 삶, 살인조차 무감각해져 가는 도덕이 무너진 삶, 한 조각의 자유도 꿈꿀 수 없는 삶, 인간으로서 누려야 할 단순한 일상이 사치가 되는 삶 그 자체였다. 생명을 부지하는 것 외에는 그 어떤 것도 공식적으로 허용되지 않는, 그래서 인간을 인간이 아닌 그저 숨만 쉬는 살덩어리로 만들어 버리는, 죽음보다 못한 삶을 가져다준 것이 전체주의적 폭력의 본 모습이다. 아렌트에게 집단수용소의 삶은 지옥 그 자체였다.

6백만의 유대인, 6십만의 인간은 어찌해 볼 수 없이 대개, 아무런 의심도 없이 체포되어 처형당했다. 사용된 방식은 테러를 가중시키는 것이었다. 첫 번째는 육체적으로 나약한 사람들이 스스로 목숨을 끊을 정도로 강하고 도전적인 사람들과 함께 죽었을 때 나타나는 고의적인 무시, 박탈, 그리고 수치심이었다. 두 번째는 사람들이 수천 명씩 시간 간격을 두고 자신들의 기력에 따라서 죽어갈 때의 강제 노동과 결합된 철저한 아사였다. 마지막으로는 죽음의 공장이었다. 젊은이와 늙은이, 약자와 강자, 병자와 건강한 자, 이들은 모두 같이 죽었다. 또한 이들은 국민으로서도 아니고 남녀로서도 아니며 아이들과 어른으로서도 아니고 소년과 소녀로서도 아니며, 선인이나 악인으로서도 아니고 아름답거나 추한 이들로서도 아닌 채로 죽었다. 이들은 가축처럼, 물건처럼, 육체도 영혼도 가지지 못하고, 또한 죽음이 그 인장을 찍을 수 있는 얼굴조차 가지지 못한 사물처럼 원시적인 평등이라는 가장 어둡고 깊은 심연에 던져져 유기적 생명의 최하위 공통분모로 전락했다. (*ESSAYS*, 335)

그 죽음 같은 시간을 견디며 침묵할 수밖에 없었던 아렌트에게 집단수용소에서의 삶만큼이나 미국으로의 망명과 시민권을 얻기까지 기다렸던 긴 시간 역시 고통의 시간이었다. 그 어디에도 속하지 않은 국적 없는 망명자였기 때문이다. '국적 없음'은 어느 나라의 국민임을 증명할 수 없음이 아니다. '공동체의 구성원으로 거주할 곳이 없음'만을 의미하지 않는다. 국적 없음은 '인간으로서 가져야 할 정치적 권리를 요구할 수 없음'이다.

권리를 상실한 사람들의 재난은 그들이 생명, 자유와 행복 추구 또는 법 앞에서의 평등과 의견의 자유를 빼앗겼다는 것이 아니라

어느 공동체에도 속하지 않는다는 것이다. (*OT1*, 295)

'정치적 권리의 박탈'은 공식적으로 어떠한 행위도 할 수 없을 뿐만 아니라 외부의 폭력으로부터 자신을 보호해 줄 그 어떤 법적 장치도 가질 수 없음을 의미한다. 이것은 세계의 구성원으로서 활동 전반을 제약하는, 그로 인해 인간성 자체를 말살시키는 폭력이다. 아렌트에게 가장 위협적인 것은 자신의 의지와 관계없이 이 폭력에 무방비하게 노출되어 있다는 것이었다.

아렌트가 경험한 20세기의 전체주의는 단지 한 시대를 장악한 이데올로기로서의 정치에 머무는 것이 아니었다. 인간을 인간이게끔 하는 인간성 자체를 황폐화하는, 폭력이 난무한 어두운 시대였다. 크레타섬에서 탈출하기 위해 거대한 날개를 만들었던 다이달로스처럼, 아렌트는 어두운 시대에서 벗어나기 위해 '참된 정치'로서의 자유를 갈망하였다. 강제와 폭력으로 가득했던 전체주의의 경험을 바탕으로 자유의 실현이야말로 인간다운 삶의 조건이라는 데 집중하였던 것은 아렌트로서는 당연할지 모른다.

2. 자유를 갈망하다

역사에서 모든 종말은 반드시 새로운 시작을 포함하고 있다는 진리도 그대로 유효하다. 이 시작은 끝이 줄 수 있는 약속이며 유일한 메시지다. 시작은 그것이 역사적 사건이 되기 전에 인간이 가진 최상의 능력이다. 정치적으로 시작은 인간의 자유와 동일한 것이다. 시작이 있기 위해 인간이 창조되었다고 아우구스티누스는 말했다. 새로운 탄생이 시작을 보장한다. 실제로 모든 인간이 시작이다. (OT2, 284)

아렌트에게 자유는 태어난 모든 존재가 새롭게 시작하는 능력을 의미한다. 자유가 있기에 새로운 것이 시작되고 다양하게 세계가 구성되며 각자의 삶이 그만큼의 가치를 지니게 된다. 나와 세계를 연결하는 자유야말로 생각하고 말하고 실천하는 과정이며 그것의 현실화가 곧 정치이다. 따라서 인간은 시작이고, 그 시작은 자유이며, 자유의 실현은 정치이다.

아리스토텔레스는 『정치학』에서 공동체를 구성하는 시민이 누구인지 고찰하는데, 여기서 노예가 아닌 모든 사람, 즉 본성적으로 자유로운 사람들을 시민의 범주에 포함한다.

폴리스는 자연적으로 존재하는 것들에 속하며, 인간은 본성적으로 '폴리스를 형성하며 살아가기에 적합한 동물zoōn politikon'이라는 것이다. 운 때문이 아니라 본성 때문에 폴리스 없이 사는 사람은 좀 모자라는 사람이거나 인간 이상의 사람이다.[30]

폴리스를 구성하는 계층은 다양하나, 크게 구분하자면 시민과 노예로 나눌 수 있다. 인간이기는 하지만 자연적으로 그 자신이 아니라 다른 사람에게 속하는 바로 그 사람이 자연적으로 노예이다.[31] 반면 그 어디에도 속하지 않고 본성적으로 자유로운 사람이 시민이다. 이들은 공적 영역에서 판결에 참여하고 관직에 나아간다. 물론 자유로운 시민이라고 해서 공적 영역에 나아갈 수 있는 것은 아니다.[32] 또한 노예는 전적으로 숙고적

---

30 아리스토텔레스, 『정치학』, 33-34쪽.
31 아리스토텔레스, 『정치학』, 42쪽.
32 부모의 혈통, 재산의 유무, 신체적 건강 등 여러 면에서 문제가 없어야 시민으로서 공직에 나아갈 수 있는 자격을 갖게 된다. 아리스토텔레스는 다른 것들을 갖추었음에도 아테네 출신이 아니라는 이유로 공직에 나아갈 수 없었다. 또한 자유로운 시

부분을 가지고 있지 못하며, 여자는 그것을 가지고 있으나 권위를 가지고 있지 못하다. 아이는 그것을 가지고 있으나 완전히 성숙하지 않다.[33] 어떠한 결격 사유도 가지고 있지 않은, 그래서 사사로운 관계나 이익에 휘둘리지 않고 이성의 올바른 활동이 가능한 사람만이 공적 활동이 가능하다.

폴리스에서 공적 활동은 지배 계급의 위치에 있는 시민의 몫이지만 그들이 모든 결정권을 갖는 것은 아니다. 공직에 참여하는 이들과 다수의 시민이 공적 판단을 위한 숙고 과정에 참여한다. 시민은 문제에 대한 숙고를 통해 자신의 의견을 자유롭게 제시함으로써 공적 활동에 참여한다. 이것이 바로 폴리스에서 정치적 인간으로서 시민이 담당해야 할 몫이다. 공론장

민일지라도 상업 활동, 즉 개인적 이익을 취하는 직업을 가진 이들은 공적 활동에 참여하지 못했다.

33 아리스토텔레스, 『정치학』, 78-79쪽. 아리스토텔레스는 그 원리가 '다르게도 있을 수 있는 존재자들'에 대해 고찰하는 것을 '이성적으로 헤아리는 부분'이라 부른다. "숙고한다는 것이나 이성적으로 헤아린다는 것은 같은 것이며, '누구도 달리 있을 수 없는 것'에 대해 숙고하지 않으니까, 그렇다면 '이성적으로 헤아리는 부분'은 이성을 가지고 있는 것의 한 부분이다." 요컨대 '숙고하는 부분'과 '이성적으로 헤아리는 부분은 같다'는 것이다. 아리스토텔레스, 『니코마코스 윤리학』, 204-205쪽 참조; 『정치학』, 각주 299 재인용.

에서 자유롭게 생각하고 의견을 나누는 숙고와 심의 과정 때문에, 아렌트는 폴리스에서 산다는 것과 자유롭다는 것이 같다고 보았다.

모든 시민은 공공의 문제에 대한 숙고와 심의 과정에 참여하여 자신의 의견을 자유롭게 표현하고 문제 해결에 참여함으로써 정치적 행위자로서 해야 할 역할을 담당한다. 이 역할을 담당하기 위해 경제적 안정이라는 필요조건이 충족되어야 한다. 절박한 생존의 문제에 직면한 이들에게는 공적 문제를 해결할 여유가 없다. 자신을 위해서도, 다른 사람을 위해서도, 노동하지 않는 자유민이야말로 시민의 역할을 제대로 담당할 수 있다. 자유민에게 폴리스에서 산다는 것은 어떤 행동의 결과로 주어지는 것이 아니라 본래 주어진 본성적인 것이다. 이들은 본래 국가의 자족성 혹은 완전성을 충족시키기 위한 공적 삶을 살게 되어 있으며, 이것이 바로 정치이다. 그리고 정치야말로 자유의 실현이다.

일반적으로 정치는 국가 공동체를 다스리는 일을 가리킨다. 하지만 아렌트는 기존의 정치철학자와는 다르게 인간의 활동을 구분한다. 그리고 사적 이익에서 벗어나 공적 이익을 추구하는 공동체적 삶으로서의 인간 활동으로 정치를 이야기한다. 우선 아렌트는 인간의 삶을 관조적 삶vita contemplativa과 활동적 삶vita activa으로 구분한다. 관조적 삶은 이성적 활동을 통해 진리를 추구하는 삶을 가리킨다.[34] 반면 활동적 삶은 노동labor·작업work·행위action로 구분하고, 그 가운데 언어를 통한 공적 활동으로서의 행위를 설명함으로써 정치의 의미를 재구성한다. 부연 설명하자면, 노동은 일회적이며 소비적인 활동으로 생존을 가능하게 하는 필수적인 활동이며, 작업은 노동의 산물에 이성적 활동을 반영하여 필요한 것을 만들어 내는 반영구적인 활동이다. 노동과 작업은 개인의 욕구를 충족하거나 이익을 얻기 위한 사적 영역에서 일어나는 사적 활동이지만,[35] 행위는 다른

---

34 자유의 실현이 정치라고 본 아렌트의 입장에서, 정치는 다양한 의견을 수용하는 의사소통의 공론장이다. 하지만 플라톤 이래 정치철학자 대부분은 의견을 위험한 것으로 간주하고 이데아나 절대 이념과 같이 진리를 추구하는 관조적 삶에 빠졌다. 그로 인해 정치가 본래적 의미를 상실했다고 아렌트는 비판한다.

35 사적 활동으로서 노동과 작업은 대부분 육체적 노동으로 묶어서 설명되었다. 하지만 아렌트는 이성의 작용이 개입되는가에 따라 노동과 작업으로 인간의 활동을 세분화하였다. 예를 들어 설명하자면 산에서 벌목 작업을 통해 얻은 나무를 땔감으로 사용하는 경우가 노동이라면, 벌목한 나무를 책상이나 의자로 만든다면 작업이 된다. 후자에는 인간의 창조적 능력 혹은 상상력이라는 이성의 활동이 반영되기 때문이다. 하지만 노동이나 작업의 결과는 모두 개인의 이익을 충족시킨다는 점에서,

사람과의 관계망을 형성하며 이루어지는 집단적이며 정치적인 공적 활동이다.

아렌트가 정치의 영역으로 간주하는 공적 영역에서의 행위는 언어를 매개로 서로의 의견을 나누고 이해하는 의사소통 관계망, 즉 공적 담론으로 나타난다. 공동체에서 공적 문제와 대면한 사람들은 자유롭게 생각하여 자신의 의견을 갖는다. 그리고 언어 활동을 통해 서로 의견을 나누고 이해하고자 노력한다. 언어 활동으로서의 행위는 문제를 해결하기 위한 단일한 해결책을 찾는 것이 아니라 다양한 의견이 함께 있음을 확인하는 것이다. 서로 다른 의견을 듣고 이해한다는 것은 '나'와 '너'가 서로 다르다는 것을 인식하는 것이다. 그리고 서로를 다르게 인식하는 데 머물지 않고, 이 세계에 내가 있다는 것, 나 이외에 다른 사람도 있다는 것을 이해하는 존재론으로 나아간다.

이 모든 행위는 모두에게 동일하게 적용되는 원리가 있다는 동일성의 철학에서 벗어나, 자신만의 의견을 자유롭게 나눔으

공적 이익을 추구하는 공적 활동으로서의 행위와는 명확하게 다르다.

로써 세계에 '나'가 있음을 확인할 수 있는 다양성의 철학으로 나아감을 가리킨다. 공동체에서 자기 존재를 인식하고 사람들이 서로 다르다는 것을 알게 됨으로써 사람들 간의 관계가 형성되고 세계가 구성되며 유지되는 것이다. 살아 있는 사람들의 다양한 삶으로 구성된 세계에서, 정치적 행위는 내가 살아 있음을 느끼는 것이다. 자유로운 생각과 말을 전제로 한 정치, 다양한 사람들이 다양하게 각자의 의견을 드러내는 정치, 이것이야말로 본성적으로 자유로운 시민으로 구성된 폴리스를 모델로 한 아렌트가 꿈꾼 정치의 본래 모습이다. 그래서 정치는 자유의 실현이다. 억압된 상태에서 벗어나 자유를 얻고자 하는 모든 행위가 정치다.

자유를 갈망하는 아렌트에게, 침묵이 강요된 집단수용소에서의 삶과 정치적 권리가 상실된 무국적자로서의 삶은 비정치적인 삶인 동시에 인간다운 삶을 유지할 수 없는 죽음의 시간이다. 더구나 법적으로 정치적 보호를 받을 수 없는 불안정한 삶은 모든 행위의 걸림돌로 작용하였다.[36] 그래서 오랜 기다림

---

36 "어떤 이가 권리를 가질 권리를 빼앗겼을 때 발생하는 근본적인 박탈이란 한 개인

끝에 얻은 미국 시민권은 단지 국적뿐만 아니라 생각하고 말하는 정치적 행위를 가능하게 하는 자유의 실현으로서 정치적 권리를 얻게 되었음을 의미한다.

생각할 수 있는 자유, 말할 수 있는 자유, 다시 말해 한 시민으로서 정치적 행위를 수행할 수 있는 자유를 누리는 것이야말로 정치적 인간으로서의 인간다운 삶이다. 자유의 실현으로서 정치를 추구하는 아렌트의 정치사상은 강제와 폭력으로 가득했던 어두운 시대를 이겨 낸 자기 경험의 결과이며, 폭력적 상황과 대면하면서도 인간이길 포기하지 않았던 자기 사유의 결과이기도 했다. 그리고 아렌트는 이러한 사상에 확신을 주는 한 사람을 만나게 된다. 1961년 이스라엘의 예루살렘에 있는 '정의의 집'에서 열린 전쟁범죄자의 재판에서 말이다.

이 더 이상 행위할 기회를 갖지 못한다는 것이다. 이러한 권리는 시민이 되는 전제조건이 행위할 수 있는 능력, 시작할 수 있는 능력, 공유되고 공통된 세계에 대한 의견을 형성할 수 있는 능력이라는 점에서, 자유와 정의보다 훨씬 더 근본적이다. 의견은 바로 정치의 원료이다. 그것은 동료들과 함께 의견을 시험하고 논쟁하기 위한 상상력과 판단을 요구한다." 번스타인, 『한나 아렌트와 유대인 문제』, 139쪽.

3. 아돌프 아이히만과 대면하다

1906년 오스트리아에서 태어난 오토 아돌프 아이히만은 1930년대에 독일로 이주하고 1932년 독일 나치당의 친위대에 들어간 뒤 경력을 쌓아 국가안보경찰국에서 유대인 담당관이 되었다. 그는 제2차 세계대전 말 유럽 전역에 퍼져 살던 유대인을 이주시키는 업무를 담당하였다. '최종 해결'의 최종적 결정권은 히틀러에게 있었으나 실무를 담당한 이는 아이히만이었다. 전쟁이 끝난 후 미군에 체포되어 친위대 요원 수용소에 갇혔다가 다른 수감자의 도움으로 탈출하여 뤼네부르거하이데로 갔다. 1950년 초 친위대 퇴역군인들의 비밀조직인 오데사ODESSA와 연락되어 오스트리아를 거쳐 이탈리아로 간 뒤 아르헨티나로 망명하였지만, 1960년 5월 11일 저녁 부에노스아이레스 교외에서 아이히만은 이스라엘의 비밀경찰인 모사드에 의해 체포되어 9일 후 이스라엘로 압송되었다. 당시 아이히만은 스스로 자신의 정체를 밝혔다고 한다. 체포된 다음 날 이스라엘 법정에서 재판을 받는 것에 대해 이의 없음을 서면으로 진술하라는 요구를 받았고 아이히만은 다음과 같이 보고서를

작성하였다.[37]

진술인, 나, 아돌프 아이히만은, 이제 나의 진정한 정체가 드러났기 때문에 재판을 더 이상 회피하려는 것이 불필요하게 되었음을 명백히 알게 되어 나의 자유의지에 따라 이에 선언한다. 이에 따라 나는 권위 있는 법정, 재판정에 서기 위해 이스라엘로 여행할 준비가 되었음을 명백히 한다. 내가 법적 자문을 받을 것을 명백히 이해했으며, 독일에서 있었던 나의 공적 활동의 마지막 수년간의 사실들에 대해 어떠한 윤색함도 없이 기록하며, 미래의 세대들이 그 참된 실상을 알 수 있도록 할 것이다. 나는 이 선언을 위협을 받거나 어떤 밀약에 따라 한 것이 아니라 내 자신의 자유의지에 따라 선언한다. 나는 마침내 내 자신과 평화롭게 지내기를 바란다. 내가 모든 상세한 내용을 다 기억할 수 없고 또 여러 사실에 대해 착각할 수 있으므로, 나는 진실을 추구하는 내 노력을 위해 보고서와 진술서 등을 활용함으로써 도움을 받을 수 있도록 요구하는 바이다. (EJ, 335-336)

---

37 아렌트, 『예루살렘의 아이히만』, 제15장 참조.

그렇게 1961년 4월 11일에 15가지 죄목으로 기소된 아이히만은 예루살렘 지방법원에 서게 된다.

제2차 세계대전이 끝난 후 승전국이었던 미국과 영국, 프랑스, 소련을 중심으로 국제군사법원이 설치되고, 전쟁에서 주동적 역할을 했던 독일과 일본에 대한 전범 재판이 뉘른베르크와 도쿄에서 각각 진행되었다. 당시 전범 재판에 대한 여러 논쟁이 있었으나 두 차례에 걸친 세계대전이 가져온 참상은 그들을 단죄하는 데 부족한 법적 근거를 충분히 채우고도 남았다. 그 가운데 전 세계의 이목을 집중시키며 논란의 중심이 되었던 전범 재판이 예루살렘에서 진행된 아이히만 재판이었다.

아이히만의 재판이 사람들의 이목을 끈 것은 그가 유대인 말살 정책의 실무자로서 중요한 역할을 담당했기 때문이기도 하지만 재판이 가져야 할 정당성과 객관성에 문제를 일으킬 만한 요소가 있었기 때문이다. 하나는 이스라엘 정부의 비밀경찰인 모사드 요원들에 의해 아이히만이 부에노스아이레스 교외에서 납치되어 예루살렘으로 압송되었다는 사실이었다.

재판에 대한 판사들의 불쾌한 딜레마 가운데 하나가 대부분의 다른 나라들과 마찬가지로 이스라엘에서도 재판에 출두한 사람은 유죄가 판명 날 때까지 무죄로 간주된다는 점이다. 그러나 아이히만의 경우 이것은 완전히 허구에 불과했다. 그가 예루살렘에 등장하기 전에 유죄임이, 어떠한 합당한 의심의 여지가 없을 정도로 유죄임이 확정되지 않았더라면 이스라엘 사람들은 그를 감히 납치하지도 않았을 것이고, 또 납치하려고 하지도 않았을 것이다. (*EJ*, 297)

아이히만의 불법 구속은 오직 이 재판의 결과가 안전하게 예견될 수 있다는 사실에 의해서만 정당화될 수 있고 또 세계인의 눈앞에서 정당화되었다. 이제 나타난 것처럼, 최종 해결책에 대한 그의 역할은 과도하게 과장됐다. 이는 부분적으로는 그 자신의 허풍 때문이기도 했고, 또 부분적으로는 뉘른베르크와 다른 전후 재판들에선 피고인들이 아이히만을 핑계로 자신의 결백을 증명하려 했기 때문이다. 그러나 그 주된 이유는 아이히만이 유대인 문제 전문가이며, 다른 어떤 문제도 다루지 않은 유일한 독일 관리였으므로 유대인 지도층 인사들과 밀접한 접촉을 가졌기 때문이었다. (*EJ*, 298)

합법적인 방법으로 범죄인 양도가 진행된 것이 아니라 납치라는 형식으로 이루어졌다는 점이 아이히만 재판의 정당성을 비판하기에 적절한 이유였다. 공개적이면서도 은밀하게 진행된 아이히만의 압송은 문제를 객관적이고 논리적으로 분석하고 평가하고자 하는 법적 가치를 희석했다. 하지만 명약관화한 그의 범죄 사실은 납치의 부당성을 무마시킬 만큼 너무나도 충분한 근거를 제공하였기에, 법적 처리를 하는 데 크게 지장을 주지는 않았다.

다른 하나는 재판이 열린 장소의 문제였다. 재판이 진행된 곳은 다른 나라가 아닌 이스라엘의 예루살렘이었다. 더구나 히브리어로 진행된 재판 내용을 통역하는 과정에서 불어나 영어 통역은 괜찮았던 반면 정작 변론 과정에 집중해야 할 아이히만이나 전범 재판의 가해국인 독일인이 들어야 할 독일어 번역은 엉망이었다.

재판은 히브리어로 진행되어, 독일어를 쓰는 피고 측 사람들은 대부분의 방청객과 마찬가지로 무선 동시통역 장치를 통해 재판 진행 과정을 따라가고 있다. 통역사들의 불어 통역은 탁월하고 영

어 통역은 참고 들어줄 만한데, 독일어 통역은 완전 코미디 수준
이라 무슨 말인지 알아들을 수 없는 경우도 종종 있었다. *(EJ, 49)*

이스라엘 인구 가운데 독일 출신이 많았다는 점에서, 제대로
된 독일인 통역사를 구하지 못했다는 것은 당시 재판의 풀리지
않는 의문이기도 하다. 아마도 여기에는 독일인에 대한 선입견
과 함께, 자신들의 이야기를 독일어로 표현하고 싶지 않은 유
대인의 자존심이 반영된 것은 아닌가 싶다.

사실 아이히만의 재판 결과는 이미 확정된 것이나 마찬가지
였던 상황에서 요란스럽게 재판을 진행하였던 것은 전 세계 사
람들의 이목을 끌기 위한 하나의 쇼처럼 진행하려는 의도가 있
었기 때문이다. 쇼맨십이 아주 좋은 검사, 피고인의 범죄 사실
을 극대화하고 감정적 공감을 끌어내기 위해 애쓴 수많은 증
인, 그리고 이에 대답하는 수많은 유대인 청중에 의해 재판은
'정의의 집'이라는 무대에서 펼쳐지는 한 편의 연극으로 보기에
충분했다. 다행스러운 것은 재판을 이끄는 판사들의 행동이 그
리 극적이지 않았으며, 재판의 전반적인 분위기를 주도하는 란
다우 판사가 그들의 의도대로 극적인 상황이 되지 않도록 전력

을 다해 노력하였다는 점이다.

이스라엘 수상인 다비드 벤구리온이 아이히만을 아르헨티나에
서 납치하여 '유대인 문제 최종 해결책'에 대한 그의 역할을 재판
하도록 예루살렘 지방법원으로 압송하기로 결정했을 때 염두에
두었던 쇼와 같은 재판을 위해서 이 법정은 그리 나쁜 장소가 아
니라고 할 수 있다. (EJ, 51)

이스라엘의 예루살렘에서 진행된 재판에서 유대인은 범죄
사실이 분명하고 재판 결과가 이미 확정된 것이나 마찬가지인
아이히만을 공적 무대에 세워 그가 얼마나 잔혹한 괴물인지를
전 세계에 보여 주고자 했고, 그들의 정치적 의도를 달성하는
데 법정은 그리 나쁜 장소는 아니었다고 평가된다.
  독일 나치의 만행은 전 세계인을 상대로 한 전 지구적 사건이
었다. 뉘른베르크에서 진행된 전범 재판은 범죄를 저지른 독일
인을 국가법으로 처벌한다는 세계인의 의지를 표출한 것이며,
그것으로 인해 재판은 법적 정당성을 획득하게 된다. 하지만
예루살렘에서 진행된 아이히만 재판은 이스라엘 유대인의 의

도에 부합하듯 보편성과 더불어 유대인에게만 적합한 재판으로 기억되도록 기획되었다. 이 사건의 핵심적인 사항은 아이히만이 무엇을 했느냐가 아니라, 유대인이 무엇을 겪었느냐였기 때문이다.

> 거의 전적으로 유대인 문제에 관여한 사람, 자신의 역할이 유대인을 파멸시키는 것이었던 사람, 이 사악한 정권이 확립되는 과정에서 자신의 역할이 유대인으로 제한되어 있었던 사람은 오직 한 사람, 바로 아돌프 아이히만이기 때문이다. (*EJ*, 51)

재판이 열리는 장소가 어디든 범죄 사실을 정확하게 파악하고 판결을 내리는 것이 중요하다고 생각하겠지만 독일 뉘른베르크에서 이스라엘 예루살렘으로의 장소 이동은 이전의 전범 재판과는 다른 시선을 갖게 한다. 뉘른베르크에서 열린 전범 재판은 다루고 있는 사건이 전 인류를 대상으로 한 보편적 범죄임을 보여 준다. 하지만 독일 나치의 전체주의적 폭력으로 가장 큰 피해를 본 이들은 유대인이었다. 더구나 아이히만이 없었기에 유대인이 겪은 참혹한 비극이 법정에서 다루어지지 않았다. 그러나 예루살렘에서 열린 전범 재판은 다르다. 여기에서 다루어진 사실은 당시 유대인이 얼마나 참혹한 상황에 부닥쳤는가였으며, 유대인을 그렇게 만든 장본인인 아이히만을 심판한다는 것이었다. 오로지 유대인 법정만이 유대인의 정의를 실현해 줄 수 있으며, 심판하는 자리에 그들의 적을 앉히는 것은 유대인이 해야 할 일이라는 것이다. 그러므로 아이히만의 범죄는 유대인에게만 저지른 범죄가 아니라 유대인의 몸을 빌려 인류에게 저지른 잘못이기에 국제 법정이 아니라 예루살렘의 법정에서 판결되어야 하는 것이다.[38]

4. 신 앞에서는 유죄, 법 앞에서는 무죄

당시 아렌트는 전체주의의 혹독한 경험을 통해 근본악에 대한 연구에 천착하고 있었다. 인간의 본성 자체를 부인하는 전체주의의 폭력은 근본악에 근거해야만 설명될 수 있다고 생각했기 때문이다. 그런 그녀에게 아이히만 재판은, 전쟁 당시 독

---

[38] 아렌트, 『예루살렘의 아이히만』, 54쪽 참조.

일 나치의 만행에 침묵하거나 회피하였던 지식인 대부분이 대면하길 꺼렸던, 근본악에 대한 자신의 의문을 해소할 수 있는 좋은 기회였다.

하지만 예루살렘 법정에서 맞닥뜨린 현실은 그녀의 기대에서 완전히 벗어나 있었다. 아무 잘못도 저지르지 않은 사람들을 죽음으로 몰고 가는 실무를 담당했던 아이히만의 행위만큼은 그 무엇으로도 정당화할 수 없는 명약관화한 범죄 행위다. 인간이라면 같은 인간에게 그런 짓을 하지 않을 것이라는 기본적인 윤리적 전제로, 아이히만이 저지른 잔혹한 범죄는 그가 근본악 혹은 절대악의 전형으로 태어나지 않았다면 저지를 수 없는 반인륜적 행위였기 때문이다. 더구나 재판 당시 예루살렘 '정의의 집'을 가득 메운 유대인은 그로 인해 가족이나 친구를 잃었으며 삶의 터전도 빼앗긴 채 황폐한 삶을 이어 갈 수밖에 없는, 참혹한 피해의 경험자들이었다. 그렇기에 그들은 자신이 겪은 처참한 상황을 진술하며 아이히만이 잔혹한 괴물임을 증명하기 위해 온갖 노력을 기울였다.[39] 어떤 이유에서든 아이히

---

39 가족을 잃은 슬픔과 처절했던 수용소 생활을 절규하듯 내뱉는 피해자, 그리고 끔찍

만은 괴물이어야만 했다.

그러나 아렌트가 보기에 '정의의 집'에 모인 사람들은 자신의 의도를 실현하는 데 실패하였다. 사람들은 자신의 증언을 듣고 증거 자료를 보면서 양심의 가책과 후회로 아이히만이 크게 괴로워하리라 생각했다. 아무리 괴물이라도 어찌 되었든 사람이라면 자기가 한 일에 대해 반성을 하지 않을까 싶었다. 하지만 아이히만은 무표정한 얼굴로 자신이 한 일은 그저 해야만 하는 공무였다는 대답만을 반복한 채 피고인석을 지켰다.

아이히만은 한 국가의 공무를 담당하는 관리인으로서 자신에게 할당된 업무를 성실하게 실행할 직업적 의무가 있었다. 법률을 준수해야 하는 시민으로서 직업적 의무를 이행했기에 재판을 받아야 할 근거가 없다는 것이 그의 논리였다. 아이히만이 저지른 반인륜적 범죄는 그 내용을 떠나 절차적인 것만 생각한다면, 그의 말처럼, 상부에서 내려진 지시에 따라 자기 일을 충실히 실행한 결과라고 볼 수 있다. 오히려 전쟁이 끝난

했던 당시의 상황을 보여 주는 사진을 통해 영화 〈아이히만 쇼〉는 당시의 재판 과정을 잘 재현하고 있다. 특히 고통과 슬픔으로 가득한 유대인의 이야기를 무표정하게 듣고 있는 아이히만의 모습은 공감 능력이 없는 괴물처럼 보이기도 한다.

패전국의 국민이기에 자신의 행위가 범죄로 판결되는 것이지, 실제 그 일이 수행되었던 독일 나치 시기에는 정상적이고 당연한 행위였으며, 일개 하급 관리일 뿐인 자신이 상부의 명령을 거스르는 것은 불가했다는 점도 강조하였다. 또한 국가라는 거대한 기계의 나사와 바퀴 같은 부품일 뿐인 자신이 작동을 멈추고 문제를 지적할 수 없었다는 톱니바퀴 이론을 근거로 자신의 행위를 변론하였다.

우리는 모든 개인이 그것의 행정 체계를 돌리는 나사와 바퀴라는 의미로서 그 시스템에 사용된다는 식으로 설명하는 것이 불가피하다. 각각의 톱니, 즉 개인들 각각이 그 시스템을 교체하지 않으면서 소모될 수 있어야 한다는 것이 모든 관료제와 공무원 제도, 정확히 말해서 모든 정치 시스템적 기능들이 바탕을 두고 있는 가정이다. 이것이 정치학적 관점이다. (RJ, 100-101)

다시 말해 자신은 독일 나치라는 거대한 기계가 움직이기 위해 사용된 여러 톱니바퀴 가운데 하나의 역할을 담당했을 뿐이며, 그런 점에서 자신의 행위는 법 앞에서 무죄라고 단언한 것이다. 그러나 형식적인 것이 충족된다고 해서 모든 것이 정당하게 받아들여지는 것은 아니다. 더구나 아이히만이 한 일은 가벼운 범죄가 아니라 수백만 명의 남녀와 아이들을 죽음으로 내모는 일이었다. 상당한 열정과 세심한 주의를 기울여 죽음으로 보내는 일, 정상적인 사람이라면 그런 일은 받아들일 수 없을 것이며, 받아들여서도 안 될 것이다. 모두 아이히만이 정신적으로 문제가 있는 사람이라고 생각하였다. 하지만 그에게서 어떠한 문제점도 발견하지 못했다. 그는 지극히 정상이었다.

여섯 명의 정신과 의사들이 그를 '정상'으로 판정했다. 그들 가운데 한 명은 "적어도 그를 진찰한 후의 내 상태보다도 더 정상이다"라고 탄식했다고 전해지고, 또 다른 한 명은 그의 아내와 아이들, 어머니와 아버지, 형제자매, 그리고 친구들에 대한 그의 태도 그의 모든 정신적 상태가 '정상일 뿐만 아니라 바람직함'을 발견했다. (*EJ*, 79)

정신과 의사들의 소견대로 아이히만이 정상적인 사람이라면 적어도 그 일을 받아들이지 않거나, 받아들일 수밖에 없었음에 양심의 가책을 느끼고 후회했어야 했다. 하지만 수백만 명의 유대인을 가스실로 보내면서 느꼈어야 할 양심의 가책보다 아이히만에게 중요한 것은 자신이 해야 할 일을 제대로 수행했다는 만족감이었다. 그에게는 한 기관의 일원으로서 상부의 명령에 복종할 준비가 얼마나 되어 있는지가 중요한 관심사였다. 경찰 조사에서 필요하다면 자신의 아버지조차 죽음으로 내몰 수 있다고 말할 만큼 말이다.

근본악에 대한 답을 찾을 수 있을 것이라 기대했던 아렌트는 재판 과정에서 낯선 경험을 하게 된다. 수많은 무고한 사람을 죽음에 몰아넣는 반인륜적 사건의 실무자였음에도 반성하기는커녕 상부의 명령을 충실하게 이행했을 뿐이라고 말하는 아이히만과의 대면은 예상치 못한 것이었다. 만약 아이히만이 모두의 기대에 부응하듯 악의 화신이며 잔혹성을 가득 품은 괴물 같은 얼굴을 하고 있었다면, 아렌트는 수월하게 재판 과정에서 다루어진 사안을 분석하고 자신이 찾고자 했던 답을 찾아서 미국으로 돌아왔을 것이다. 선악의 문제에서 이전부터 이어져 온 윤리적 기준을 따라 아이히만이 본성적으로 이미 악함을 갖춘 근본악의 전형이라고 결론지으면 되었기 때문이다.

하지만 법정에서 만난 아이히만은 아렌트의 예상을 벗어난 지극히 평범한 인물이었다. 그로부터 수백만의 유대인을 죽음으로 몰아넣은 '최종 해결'의 실무자라는, 이미 알고 있는 사실을 제외한다면, 그가 근본악의 전형으로서 적합한지 판단 내릴 만한 어떠한 근거도 찾을 수가 없었다.

> 아이히만에게서 나타나는 천박함에 충격을 받았고, 소름이 끼치는 그의 행적들에 내포된 악의 심층적 근원이나 동기를 추적하고 싶었으나 불가능했다. 아이히만이 재판을 받던 당시 매우 인상적이었던 것은 그는 아주 정상적이었고, 평범하면 평범했지 결코 악마적이거나 괴물 같지 않았다. (LM, 47)

모든 정신과 의사가 진단했듯 놀랍게도 아이히만은 정상이었다. 광기나 유대인에 대한 지독한 혐오증이 있었던 것도 아니었다. 그저 상부의 명령에 충실히 따르며 자신의 승진을 꿈꾸는 평범한 집단의 평범한 구성원이었다. 그리고 한 가정의 가장이며 아이들의 아버지이자, 성실히 일하는 공무원이었다. 수많은 사람이 전형적인 악인으로 아이히만을 판단하고자 노력하였다. 하지만 아렌트가 보기에 그는 이제까지 전례를 찾아볼 수 없는 새로운 형태의 악인이었다.

재판이 진행되는 내내 아이히만으로부터 들을 수 있었던 것은 상투적인 관청 용어를 사용하여 늘어놓는 우둔하고 천편일률적인 답변뿐이었다. 자신이 맡은 업무가 무엇인지, 그리고 그 결과가 사람들에게 어떤 결과를 가져올지는 생각하지 않았다. 다만 그 일이 자신을 발전시키는 데 도움이 된다는 것만을 생각하였다. 새로운 형태의 악인과의 대면은 아렌트에게는 낯섦 그 자체였다. 그리고 아렌트는 이러한 낯섦으로부터 이전과는 다른 방식으로 악의 전형에 대해 생각해야 했다.

전례가 없는 악의 전형으로서의 아이히만, 도대체 무엇이 그로 하여금 이토록 잔인한 일을 하도록 만들었던가? 한 가족의 가장이자 성실한 공무원이었던 평범한 사람이 그런 악한 일을 저지를 수밖에 없었던 근거가 무엇인지를 찾는 것이야말로 예루살렘의 법정에서 아렌트를 괴롭히는 지독한 의문이었고 풀어야 하는 어려운 숙제였다.

범죄에 대한 처벌만큼이나 누군가를 악인으로 단죄하려면 적절한 근거를 제시해야만 한다. 하지만 아이히만에게는 그럴 만한 별다른 근거가 없었다. 실제로 아이히만을 기소한 15가지의 죄목은 모두 「나치와 나치 협력자 처벌법」에 따라 사형이 구형되는 중범죄였다. 하지만 재판 전 진행된 장시간의 대질 신문에서 자신의 행위가 유죄라면 어떤 의미에서인가라는 질문에, 변호사 세르바티우스를 통해 아이히만은 "나는 신 앞에서는 유죄라고 느끼지만 법 앞에서는 아니다"[40]라는 답변을 남겼다. 그가 생각하기에 자신을 기소한 내용은 모두 국가적 공식 업무로, 독일이 아닌 다른 나라의 재판권 행사는 불가하며 각각의 죄목에 대해 기소장이 의미하는 바대로 무죄라고 말이다.

유대인 학살이라는 역사적 사실 앞에서 아이히만이 엄청난 범죄를 저지른 죄인임은 분명하다. 하지만 그는 자신이 맡은 업무를 성실하게 수행하며 살았던 평범한 사람이었다. 『더 뉴요커』의 객원기자로서 재판 과정을 상세하게 기록해야 하는 역할도 중요하지만, 기사 작성만큼이나 중요한 숙제가 아렌트에게 남겨졌다. 무엇이 성실하고 평범한 아이히만을 극악무도한 범죄자로 만들었는가.

---

40 아렌트, 『예루살렘의 아이히만』, 73-74쪽.

누구나 평범한 삶을 꿈꾸며 성실하게 살아가고자 한다. 그런데 그것이 특별한 계기도 없이 악함으로 이어질 수 있을까? 이전에는 생각하지 못했던 악의 전형 앞에서 아렌트는 다음의 결론에 다다른다. 아이히만은 자신이 한 일에 대해, 그리고 그 일로 인해 다른 사람이 어떤 영향을 받게 될지에 대해 생각하지 않았다.

자신의 발전을 위해 철저하게 계획을 세우고 노력했던 아이히만의 사유를 맹목적이고 무비판적으로 만든 것은 무엇일까? 20세기 전체주의가 가져온 결과라고 답하기엔 다른 무엇이 아이히만에게 영향을 준 것은 아닐까? 범죄 사실에 대한 처벌과 함께 중요한 무엇을 놓치고 있는 건 아닌지 생각해 봐야 할 것이다.

4장
악의 평범성에 대한 보고서

    정치적 인간으로서 우리의 삶이 지향하는 바는 최고선의 추구이다. 최고선은 좋은 삶이며, 온전한 이성의 활동을 통해 자신의 영혼을 풍요롭게 하는 것이다. 이것은 절대이성의 정점을 찍었던 근대까지 이어진 서양철학적 전통이기도 하다. 하지만 20세기 전체주의 국가의 반인륜적이고 폭력적인 권력 양상은 이성에 대한 회의와 절망을 불러일으켰다. 그리고 생각하고 판단하며 행동하는 정치적 인간으로서 우리 삶을 되돌아보게 만들었다.

    아렌트는 생각하고 판단하며 의지한 바를 행위하는 인간의 활동이 자유롭게 이루어져야 한다고 말한다. 자유의 실현이야

텔아비브 거리에 붙은 아이히만의 유죄 판결에 관한 포스터(1964). 형이 집행된 지 2년 뒤에도 아이히만 재판에 관한 대중의 관심은 여전히 뜨거웠다.

말로 그녀가 추구하는 이상적인 정치이다. 하지만 20세기 전체주의는 사람들에게 침묵을 강요하고 자유를 억압함으로써 인간의 본성을 말살하는 반인륜적 정책을 펼쳤다. 유대인 문제에서 '최종 해결'이야말로 전체주의적 정책의 반인륜성을 여실히 보여 준 사건이며, 아이히만은 그 중심에서 실무를 담당했다.

예루살렘의 '정의의 집'에서 마주친 아이히만에 대한 아렌트의 견해는 이전의 익숙한 결과와는 전혀 다른 방향으로 전개되었다. 아렌트가 관심을 가진 것은, 정상적이고 평범한 사람이 그렇게 잔혹한 일을 저지를 수 있었는가, 법정에서조차 자신이 한 일에 대해 양심의 가책을 느끼거나 반성의 태도를 보이지 않는 비윤리적 태도를 가질 수 있는가였다. 질문에 대한 오랜 숙고 끝에 그녀는 '다른 사람의 입장에서 생각함과 말함의 무능력'이야말로 아이히만이 악행을 저지르게 만든 근본적인 원인이라는 결론에 이르렀다. 그리고 생각함과 말함의 무능력은 아이히만뿐만 아니라 사람이라면 누구나 예외가 될 수 없다는, 그래서 악함은 본래부터 악한 사람이 저지르는 특별한 것이 아니라 누구나 저지를 수 있는 것이라는 '악의 평범성'을 이야기한다.

1. 양심의 또 다른 모습

유대인 학살이라는 엄청난 범죄를 저지르고도 자신이 한 일에 대해 일말의 죄의식조차 드러내지 않았던 아이히만은 악인도 정신병자도 아닌, "대단하고 놀랍게도 정상인"이었다. 대법원에서 그의 항소를 들은 후 정기적으로 방문한 성직자는 아이히만이 "매우 긍정적인 생각을 가진 사람"이라고 발표할 정도였다.[41] 이처럼 그는 "변태적이거나 사디스트적이지 않았으며, 끔찍하리만큼 정상적"이었다. 그렇기에 아렌트는 의문을 가질 수밖에 없었다. 어떻게 지적 장애가 있는 것도 아니고 반유대주의에 세뇌된 것도 아닌 보통의 인간이 옳고 그른 것을 그렇게 완전히 구분하지 못하는가.[42]

아이히만은 자신이 하는 일이 가져올 결과보다는 그것이 자신의 삶에 끼칠 영향에 더 치중하였다. 재판 과정에서 그가 기

---

41 아렌트, 『예루살렘의 아이히만』, 79쪽. 『새터데이 이브닝 포스트』의 하우스너는, 아이히만이 '살인에 대한 위험하고 탐욕스러운 충동에 사로잡힌 사람'이며, '도착적이고 가학적인 성격'을 가진 사람이란 평가를 들었다고 밝히면서 당시에 제공된 정보와는 상반된 이야기를 하기도 했다.

42 번스타인, 『한나 아렌트와 유대인 문제』, 269쪽 참조.

억하고 있었던 것은 자신의 삶에서 중요한 전환점이나 가치를 부여했던 것뿐이며, 그 외의 것은 기억조차 하려 하지 않았다. 아이히만에게 중요한 것은 성공이었지, 업무의 윤리적 가치가 아니었다.

'최종 해결'에 대해 누구나 가질 수 있는 기본적인 양심의 가책을 느끼기는 했지만, 그 일이 자신의 삶을 변화시키는 주요 업무로 여겨지는 순간, 양심의 가책은 전혀 다른 방향으로 전개되었다. 아이히만은 착실하게 계획을 세우고 업무를 진행하여 수백만 명의 유대인을 가스실로 들여보냈던 자신의 행동에 양심의 가책을 느끼지 않았다. 오히려 그 일을 자신이 제대로 수행하지 못할까 하는 걱정과 능력의 부족함에 대해 늘 고심하였다. 그에게 중요한 것은 자신이 한 일에 대한 비판적 사유가 아니라 성실하게 명령을 수행하는 것이었다.

심리 분석 결과 아이히만은 정상적이고 바람직하며, 매우 긍정적인 생각을 하는 사람이었다. 더구나 그에게는 반유대주의적 감정을 가질 만한 이유도 별로 없었다.[43] 아렌트가 확인한

---

[43] 물론 이 점에 대해 최근 독일의 철학자 베티나 슈탕네트는 『예루살렘 이전의 아이

바에 따르면, 아이히만은 일찍이 어머니를 여의었고, 아버지가 재혼한 가정은 유대인 집단에 속해 있었다. 20대에는 유대인의 도움으로 회사에 취업할 수 있었고, 후에 유대인 삼촌이 이민 허가를 받기 위해 도움을 청했을 때 이를 승인해 주기도 하였다.

모두에게 유대인 학살의 실무자로 알려진 아이히만은 수만 명의 유대인을 구출하는 데 일조하기도 하였다. 유대인에 대한 아이히만의 이중적 행동은 그가 신봉했던 이상주의로부터 출발한다. 이상주의자였던 아이히만은 시온주의자였던 유대인 관료들의 탈출을 도와주었다. 그들은 자신의 신념을 위해서라면 희생조차 감수할 수 있는 사람들이었기 때문이다.

히만』이라는 짧은 글을 통해, '아렌트가 아이히만의 연기에 속았다'라는 주장을 내놓았다. 슈탕네트는 나치 패전 이후 아이히만이 아르헨티나에서 살면서 썼던 수많은 메모를 분석한 결과를 토대로, 아이히만은 철저히 광신적인 반유대주의자이며 자신이 하고 있는 일이 무엇인지를 분명히 알고 있었다고 밝혔다. 무능력한 관료인 척한 아이히만의 훌륭한 연기에 아렌트가 속았을지도 모른다. 하지만 그녀의 논의가 가진 중요한 힘은 악한 행동이 근본악의 표출이나 부패, 타락 등의 요인에 의해 발현되는 것이 아니라 이성주의자들이 신봉했던 '생각함'의 무능력에서 나오며, 이는 특별한 누구에 의해서가 아닌 누구에게나 예외 없이 나타날 수 있다는, 진부하면서도 평범한 사실을 밝힌 것에 있음을 기억해야 할 것이다.

아이히만의 생각에 따르면, '이상주의자'란 단지 어떤 '이상'을 신봉하거나 또는 도둑질하거나 뇌물을 받지 않는 사람만을 의미하는 것은 아니었다. 물론 이러한 조건은 필수불가결하기도 하다. '이상주의자'란 자신의 이상을 삶을 통해 실천한 사람이었고, 자신의 이상을 위해서라면 어떤 것, 특히 어떤 사람이라도 희생시킬 각오가 된 사람이었다. (*EJ*, 97)

필요하다면 아버지조차 죽음으로 보냈을 것이라는 경찰 신문의 내용은 아이히만이 상부의 명령에 절대복종한다는 것뿐만 아니라 자신의 이상을 실현하기 위해서라면 아버지조차 희생시킬 수 있음을 보여 준 것이다. 그런 점에서 자신을 스스로 이상주의자라 여겼던 아이히만이 볼 때 자신의 신념을 위해서라면 희생조차 감수하려 했던 유대인이야말로 이상주의적 동료였으며 그들을 도와주는 것이 자신의 신념을 지키는 일이었다. 더구나 그에게 완벽한 이상주의는 자신의 개인적 감정을 따르는 것이기도 하지만 자신의 이상과 갈등을 일으키고 자신의 행동을 방해하는 그 어떠한 것도 허용하지 않는 것이기도 하다. 잘못된 결과가 나오더라도 자신의 이상을 실현하기 위해서는 모든 것을 감수해야 한다.

아이히만의 이상주의는 다른 사람이 아닌 자기 자신의 이익과 발전을 도모하는 방향으로 작용하였다. 그래서 자신과 같은 신념을 가진 사람이라면 유대인이건 아니건 큰 문제가 되지 않았다. 이를 확인할 수 있는 것이 그의 기억력이다. 아이히만은 법정에서 자신의 발전에 도움을 주었던 사건에 대해서는 제대로 기억하고 있었다. 하지만 자신에게 별 도움이 되지 않은 사건에 대해서는 뒷받침할 만한 사실을 희미하게조차 기억하지 못하였다. 수만 명의 유대인의 목숨을 구했다는 아이히만의 터무니없는 주장이 훗날 유대 역사가에 의해 지지를 받게 된 이유도 그의 기이한 기억력 때문일 것이다.

나치의 전체 집권 기간에 가장 모순적인 사건 중의 하나임이 분명한 일이 시작되었다. 유대 민족의 최고 학살자 중 한 사람으로 기록된 사람이 유럽에서의 유대인을 구출하는 데 활발한 일꾼으로 기록된 것이다. (*EJ*, 122)

이처럼 모순적인 아이히만의 행동은 이상주의에 관한 그의 정당한 신념이나 유대인이 처한 상황에 대한 분석을 통해서 승인된 것이 아니다. 오히려 유럽 전역에 흩어져 있던 유대인을 한곳으로 이주시키는 자신의 임무에 충실하였던 것이야말로 그가 믿었던 이상주의에 따른 것이었다. 그러나 옳은 것을 지켜 나가기 위한 신념을 기반으로 한 이상주의라기보다는 존경하고 닮고자 했던 삶의 본보기인 누군가 때문에 자기 생각과 판단, 행동의 방향을 결정한 것이라고 여기는 것이 맞을 것이다.

"양심의 소리에 자신의 귀를 가까이할" 필요가 그에게는 없었다. 그것은 그가 양심을 가지고 있지 않아서가 아니라, 그의 양심이 "자기가 존경할 만한 목소리와 함께", 자기 주변에 있는 사회의 존경할 만한 목소리와 더불어 말했기 때문이다. (EJ, 198)

아이히만이 들었던 존경할 만한 목소리의 주인공, 그의 본보기가 아돌프 히틀러였다는 점이 문제의 발단이었다. 아이히만은 히틀러처럼 되고 싶었다. 가난한 어린 소년에서 온갖 역경을 딛고 독일 나치의 총통에 오른 히틀러야말로 아이히만이 걸고자 했던 삶의 길을 앞서 걸었던 인물이었다.

그는 말하기를 히틀러가 "모든 것이 틀린 것은 아니고, 이 하나만
큼은 논쟁의 여지가 없습니다. 그 사람은 노력을 통해 독일 군대
의 하사에서 거의 800만에 달하는 사람의 총통의 자리에까지 도
달했습니다. […] 그의 성공만으로도 제게는 이 사람을 복종해야
만 할 충분한 증거가 됩니다." (*EJ*, 198)

그가 가진 삶의 목적은 윤리적으로 착한 사람이 되겠다거나
사회적으로 훌륭한 사람이 되겠다는 것이 아니다. 그저 히틀러
처럼 성공하고 싶었다. 총통으로서 히틀러가 전 세계를 전쟁의
소용돌이에 빠뜨리고 무고한 사람들을 학살하는 것은 아이히
만에게 고려할 만한 사항이 아니었다. 그랬기에 어떠한 결과가
나오든 상관없이 맹목적으로 히틀러의 명령에 복종하였다. 그
에 대한 복종만이 자신의 밝은 미래를 책임져 줄 길이었으며,
자기 발전을 가능하게 하는 발판이라 여겼다. 이와 관련하여
아이히만의 변호를 맡았던 변호사 세르바티우스는 최종 판결
에 대해 다음과 같이 변론한다.

정의에 대한 그의 희망들은 무산되었다. 비록 그가 최선을 다해 진실을 말했다 하더라도 법정은 그를 믿지 않았다. 법정은 그를 이해하지 않았다. 그는 결코 유대인 혐오자가 아니었고, 그는 결코 인류의 살인자가 되기를 바라지 않았다. 그의 죄는 그의 복종에서 나왔고, 복종은 덕목으로 찬양된다. 그의 덕은 나치 지도자들에 의해 오용되었다. 그리고 그는 지배집단의 일원이 아니었고 그는 희생자였으며, 오직 지도자들만 처벌을 받아야 한다.

(*EJ*, 343)

변호사는 상부 명령에 복종한 아이히만의 행위가 정당하며 그 모든 책임은 지도자들에게 있다는 점을 밝힌다. 가해자가 아닌 희생자로 아이히만을 본 변호사 세르바티우스의 변론은 어떤 면에서는 타당하게 여겨진다. 왜냐하면 전쟁 시 상부 명령 불복은 반역이기 때문이다.

사회적 위치로 인한 어쩔 수 없는 행동이었다 하더라도 법정에서만큼은 그 일이 가져온 비극적 결과에 대해 양심의 가책을 느꼈어야 하는 것이 사회의 통념이다. 물론 사회의 통념이 다 옳다는 것은 아니다. 하지만 법적 처벌 이전에 도덕적 의식을 조금이라도 가진 사람이라면 누구나 반성하는 태도를 보여야 한다는 것은 보편적인 도덕관념이다. 하지만 자신의 행동이 어떤 결과를 가져올지보다는 자신이 따르고자 한 누군가 혹은 신념을 제대로 지키지 못할 것이 더 염려스러웠던 이가 아이히만이었다. 법정에서 아이히만은 보편적인 도덕관념이 부재한 태도를 보여 주었다.

유대인 학살이라는 사건 앞에서 무고한 사람들의 죽음에 대한 책임은 한 개인의 양심에만 머무르는 것이 아니라 본질적인 도덕성의 영역에서 생각해야 할 만큼 중대한 사건이다. 그러나 20세기를 어둠으로 뒤덮었던 전체주의는 때에 따라 살인조차 도덕적 의무로 받아들이며 선악에 대한 전통적인 도덕관념마저 붕괴시킬 만큼 강력한 힘을 가졌다.

잔혹한 반인륜적 사건 앞에서 누구도 양심의 목소리를 피할 수 없을 것이다. 직접적으로 가담했든 아니든, 혹은 방관자로서 외면하였든 말이다. 전체주의가 저지른 행위는 누구도 예외 없이 끊임없는 반성과 이해, 그리고 용서를 구하도록 요청한다. 하지만 아이히만이 들었던 양심의 목소리는 다른 사람들이 들었던 그것과는 달랐다. 그에게 양심은 이렇게 말한다. "수백만의 무고한 사람들을 죽음으로 몰아간 것은 본질적으로 잘못된 것이 아니다."[44] 왜냐하면 자기가 맡은 일을 성실하게 완수한 책임이 우선이지 명령에 따른 결과인 그들의 죽음까지 책임질 필요는 없기 때문이다.

2. 낯선 도덕관념에 대한 도덕적 혹은 사법적 책임

자신이 믿는 바를 지키고 주어진 업무를 성실하게 수행하는 것이야말로 익숙한 도덕적 행동 가운데 하나이다. 하지만 형식이 아닌 내용을 들여다보는 순간, 익숙함은 낯섦으로 자리를 옮긴다. 생존을 위해 혹은 자신의 발전을 위해 '다른 사람에게 해를 입히지 말라' 혹은 '살인하지 말라'는 도덕관념이 금지에서 허용으로 바뀌기 때문이다. 특히 정치신념이 도덕관념에 반영되면서 발생한 행동을 정치적으로 판단할 것인지 아니면 한 개인의 잘못된 판단이 가져온 도덕적 잘못이자 법적으로 처벌받아야 하는 범죄로 볼 것인지가 불분명해진다.

---

44 번스타인, 『한나 아렌트와 유대인 문제』, 262쪽.

모든 삶의 영역과 문화 분야에 포진하고 있던 공인들 가운데 대다수가 하룻밤 사이에 솔직하게 의견을 바꾸는 일이 벌어졌고, 말 그대로 믿을 수 없을 정도로 쉽게 평생 간직해 온 우정을 깨고 등 돌리는 일이 수반되었다. 간단히 말해서 우리를 혼란스럽게 한 것은 적의 행태가 아니라 친구들의 행태였다. 사실 우리의 친구들은 이 상황의 발생과 아무런 관련도 없었던 사람들이므로 나치의 등장에 대한 책임이 없었다. 그들은 단지 나치의 성공에 감명을 받았고 자신들의 판단을 스스로 독해한 역사의 평결에 견주어 볼 수 없었을 뿐이다. (RJ, 93-94)

이제까지 우리가 경험했던 그 모든 것과는 상관없이, 이제까지 없었던 새로운 도덕관념을 배워야 한다는 것은 가장 큰 두려움이다. 보편적으로 적용되던 기본적인 도덕관념이 무너지고, 이전에는 경험해 보지 못한 것에 대한 두려움은 그것을 실제 삶에 적용해야 할지 말아야 할지에 대한 판단력을 뒤흔든다. 옳은 것과 그른 것, 선함과 악함의 문제와 "마주한" 사람에게 제대로 된 판단은 허용되지 않는다. 물론 무엇이 정말 옳은지 그른지는 상황에 따라 달라지겠지만 말이다.

공시적으로 관통하는 보편적인 도덕 판단은 있다. 하지만 사람들의 마음을 미혹시켰던 매력적인 전체주의 사상은 그들의 삶에 파고들어 그들의 판단이 옳다고 우긴다. 설령 그 판단이 비도덕적이고 반인륜적이라 할지라도. 결국 우격다짐에 정신이 흘려 이성적 숙고 없이 행동하며, 전쟁이 끝나고 그 미혹에서 벗어났을 때야말로 자신들의 행동이 잘못되었음을 깨닫게 된다. 모두가 죄인이기에 그 누구도 죄인이 될 수 없다. 집단적 광기 앞에서 모두는 사실을 외면하고 모든 책임을 폭력적인 전체주의 집단과 어찌할 수 없는 역사적 흐름 탓으로 돌려 버린다.

전체주의가 남긴 잔혹한 현대사는 한 개인의 문제가 아니라 집단적으로 일어난 광기 어린 행동으로 평가된다. 그래서 국가 조직의 한 구성원인 개인이 책임져야 할 문제가 아니며, 직접적이든 간접적이든 상관없이 그 일에 관계가 있는 모든 사람 혹은 국가가 책임져야 할 일이다. 상부의 명령에 충실하게 복종 하였다는 합법적인 행동을 처벌할 규정은 없기 때문이다. 하지만 독일 나치는 패전하였고, 부역 노동에 참여한 모든 이가 공동으로 피해에 대해 책임져야 한다. 설령 그들이 한 일이 합법적인 국가 체제의 합의에 따른 명령에 복종한 것 뿐일지라도 말이다.

> 집합적인 책임이 성립되려면 다음 두 가지 조건이 제시되어야 한다. 내가 하지 않은 일로 내가 문책을 당하는 게 틀림없으며, 내가 책임을 추궁당하는 이유는 내가 나의 자발적인 행위로 해체시킬 수 없는 어떤 집단에 속해 있기 때문이라는 것이다. (RJ, 280)

집합적인 책임으로 유대인 문제를 다루게 된다면, 결국 아무도 처벌할 수 없게 된다. 그들의 범죄를 합법적인 행동으로 수용하였던 독일 나치가 사라지면서 책임 주체도 함께 사라져 버렸기 때문이다. 모두가 죄인이면서 모두가 죄인이 아닌 상태, 모두가 책임져야 하지만 아무도 책임질 수 없는 상태가 된다. 그렇게 된다면 유대인 문제에 대한 '최종 해결'의 실무자로서의 법적 책임을 아이히만에게 물을 수 없게 된다. 그는 아무것도 스스로 결정할 수 없는 전체주의 집단의 구성원이었기 때문이다. 아이히만에게 유대인 문제에 대한 죄를 묻고 그에 적합한 처벌을 내리고자 한다면, 그 집단으로부터 분리해서 한 개인으로만 보고 판단해야 한다. 하지만 공동체와 분리된 개인을 생각할 수 있을까?

> 우리는 공동체를 떠남으로써만 이 정치적이고, 엄밀히 말해 집합적인 책임에서 도망칠 수가 있다. 그러나 어떤 사람도 특정 공동체에 속하지 않고서는 살 수가 없으므로, 이는 그저 한 공동체를 다른 것과 바꾸고 그리하여 한 책임 유형을 다른 책임 유형으로 교체하는 의미일 뿐이다. (RJ, 281)

정치적 동물로서 인간은 공적 영역의 활동을 통해서 자신뿐만 아니라 다른 사람과의 관계를 형성하고 자기 존재를 확인한다. 공적 활동은 단지 공동체를 위한 것이 아니라 자기 존재를 확인하기 위한 존재론적 행위이다. 따라서 공동체가 저지른 잘못에 대한 집합적 책임에서 벗어나기 위해 공동체를 떠난다고 해도, 그것은 또 다른 공동체로 옮기는 것일 뿐 철저하게 혼자가 될 수는 없다. 공동체와 완전히 분리된 개인은 존재감을 상실한 이름 없는 존재이며, 유기체로서의 자기 존재를 상실한 '아무것도 아님Nothing'이다.

공동체를 옮긴다고 해서 이전의 책임에서 벗어나는 것도 아니다. 책임을 회피하기 위해서는 충족시켜야 할 조건이 있다. 내외부적 강제로 어쩔 수 없는 경우, 금치산자이거나 무능력하여 거부할 수 없는 경우 등이다. 그러나 조건이 충족된다고 해도 피할 수 없는 것이 있다. 바로 그렇게 판단하기까지의 사유 과정이다. 숙고를 통해 어떻게 할 것인지를 판단하는 것은 개인이다. 톱니바퀴 이론을 앞세워 어쩔 수 없는 행동이었다고 하더라도, 그 명령에 따라 행동을 취한 것은 자신이었음이 명백한 사실이듯 말이다.

자신이 맡은 일을 성실하게 수행하는 것은 사회적·도덕적 상황에서 칭찬받을 만한 것이다. 국가의 업무를 수행하는 공무원이라면 공무 처리에서 성실함을 보여 주는 것은 당연하다. 이런 점에서 당시 아이히만의 행동은 예외적인 것이 아니었으며, 누구도 그의 성실한 업무 태도를 비난할 수는 없을 것이다. 그의 행동은 국가적으로 인정된 합법적 행위였다. 그 때문에 다른 나라의 재판권이 행사될 수 없다는, 그래서 이기면 훈장을 받겠지만 패배하면 교수대에 오를 일밖에는 없다는 그의 말은 적절한 표현일지도 모른다.

하지만 형식에 빠져 내용과 결과를 간과할 수는 없다. 상부로부터 지시받은 그의 업무는 단지 유대인이라는 이유만으로 인간의 기본권을 박탈하고 이유 없이 죽음으로 몰아넣는 반인륜적 행위였다. 기본적인 도덕관념을 가진 인간이라면 자신이 하달받은 업무가 어떤 결과를 가져올지 조금이라도 생각했어야만 했다. 아이히만은 자신의 업무로 인해 희생될 수많은 사람의 생명을 고려하지 않았으며, 피할 수 없는 명령을 따른 결과에 대한 도덕적 책임과 양심의 가책도 염두에 두지 않았다.

자기 신변을 위해 성실하게 답변하는 아이히만을 보면서, 아렌트는 법정을 가득 메운 사람들과는 다른 생각을 할 수밖에 없었다. 누구라도 저 위치에 있게 된다면 적어도 반성하는 척이라도 했을 것이다. 사람들이 알고 있는 도덕적 차원에서 말이다. 그러나 아이히만의 태도는 모두의 기대에서 어긋났다. 다른 사람과 똑같이 도덕관념과 양심을 가지고 있었으나, 그 방향은 자신을 향해 있었으며 그 외의 것에는 큰 가치를 두지 않았다. 모든 사람이 예루살렘에서 그가 저지른 범죄 행위에 대한 유죄 판결에 집중하는 동안, 아렌트가 그의 다른 면에 시선을 둔 것처럼 말이다.

재판이 시작된 지 며칠 후 아렌트는 아이히만에 대해 다음과 같이 기록하였다. 아렌트의 눈에 비친 아이히만은 자신을 과시하고 인정받고 싶어 하는 사람일 뿐이었다. […] 아렌트는 야스퍼스에게 "그(아이히만)는 실제로 우매했지만, 어쩐지 아닌 것만 같습니다"라고 편지를 썼다고 한다. 하지만 이것은 그의 잔혹성이나 치밀함을 보여 주는 것이 아니라 단지 생각하는 능력이 부족하거나 아예 없었기 때문이라는 결론을 보여 줄 뿐이다. 이제 아렌트의 관심은 생각하는 인간으로서의 역할을 미뤄 두고 맹목적으로 무언가를 따르게 되었던, 혹은 사유함의 무능력을 보여 주었던 아이히만이 왜 그렇게 되었는가로 옮겨졌다.[45]

아렌트는 아이히만의 악행이 근본악에서 나온 것인가 하는 점에 의문을 가질 수밖에 없었다. 성실하게 자신이 맡은 일을 수행하였으나 자신의 발전을 위해서만 모든 결정을 내렸으며, 자신이 한 일이 죄 없는 수백만의 유대인을 죽음으로 몰아넣는

---

[45] 영-브륄, 『한나 아렌트 전기』, 541쪽 참조. 아이히만에 관한 보고서 제출 이후 아렌트가 겪은 일련의 사건에 대한 경과는 이 책의 제3부 8장을 읽어 보면 도움이 될 것이다.

반인륜적 범죄였음에도 그 결과가 다른 사람에게 어떤 영향을 미칠지 전혀 고려하지 않았다. 아이히만의 이러한 행동은 그가 유대인 혐오주의자이거나 근본적으로 악인이었기에 나온 것이 아니었다. 근본악이 아니라 자신 이외에는 다른 사람을 생각하는 데 무능력했기 때문이며, 충분한 숙고를 통한 올바른 판단을 내리는 데 무능력했기 때문이다.

3. 악의 평범성

뉴욕으로 돌아온 아렌트가 제출한 아이히만 재판에 관한 보고서가 출판된 후 격렬한 논쟁이 벌어졌다. 아렌트가 아이히만의 유대인 학살이라는 범죄 사실을 인정하긴 하지만 그러한 아이히만의 악행이 일상생활에서 누구나 겪을 수 있는 생각함과 말함의 무능력에서 나온다고 밝혔기 때문이다. 누구든지 생각함과 말함의 무능력에 빠지는 순간 아이히만처럼 악행을 저지를 수 있다는 아렌트의 이야기는 괴물이어야만 하는 아이히만을 평범한 사람으로 만들었고 평범한 사람에게 괴물이 될 수 있다는 두려움을 심어 주었다.

한편으로 그녀는 모든 사람이 사유하고 판단하는 능력을 잠재적으로 가지고 있다는 점에서 사유와 판단하는 것이 모든 이에게 돌려질 수 있는 능력이라고 말한다. 이것은 사유 능력의 유무가 악의 문제와 내적 연관이 있음을 보여 주려는 그녀의 시도에서 결정적인 전제이다. 다른 한편으로 그녀는 아이히만의 특유한 성격이 기묘한, 사유하지 못하는, 전적으로 진정한 무능성이었다고 주장한다. 아마도 이것은 일련의 관행을 다른 일련의 관행으로 아무런 어려움 없이 바꿀 수 있는 존경할 만한 사회의 모든 구성원에게 역시 사실일 것이다.[46]

집단수용소에서의 참혹함을 경험했으며 시온주의 운동에 참여했던, 그래서 같은 유대인으로서 감정적 연대를 하고 있다고 생각했던 아렌트의 이야기에 시온주의자들은 경악할 수밖에 없었다. 그들의 경악과 비난은 단지 아렌트가 아이히만의 행위를 옹호한다고 본 왜곡된 독해 때문만이 아니었다. 일상생활에서 소소한 잘못을 저지르긴 하지만 아이히만처럼 악행을 저지

---

46 번스타인, 『한나 아렌트와 유대인 문제』, 281-282쪽.

르는 사람은 아니라고 말할 수 있는 단단한 방어벽이 무너졌기 때문이다. 생각함과 말함에 무능력하다면 누구든 예외 없이 악행을 저지를 수 있다는 아렌트의 이야기는 모두를 두려움에 떨게 했다. 그 말은 시온주의자들에게, 혹은 그의 악행에 분노하는 사람들에게 이렇게 들렸을 것이다.

"당신도 아이히만이 될 수 있다."

모든 사람의 기억에서 아이히만은 누구도 용서할 수 없는 잔혹한 범죄자이다. 그런 아이히만이 될 수도 있다는 아렌트의 이야기는 모두의 분노를 자아낼 수밖에 없다. 특히 유대인은 아이히만의 범죄 사실을 은폐하고 도덕적 신념 따위로 포장하여 그를 관대하게 바라보려 한다고 아렌트를 비난하였다. 하지만 아이히만 재판을 참관했던 아렌트가 직시한 것은 근본적인 악함 때문에 악행을 저지르는 것이 아니라 누구나 악행을 저지를 수 있는 일상적이고 평범한 동기가 있다는 것이었다. 그리고 그 동기는 다름 아닌 생각함과 말함의 무능력이었다.

일반적인 도덕론에서 악함의 원인으로 생각함의 무능력을

언급하는 것은 낯설다. 악함은 상대에 대한 강력한 증오심에 이끌리거나 탐욕에서 그 근원을 찾을 수 있다. 아벨이 올린 제물은 받아들이면서도 자신의 제물은 받아들이지 않았다는 이유로 동생을 살해한 카인처럼 말이다.[47] 법정에 있던 사람들은 카인이 보여 주었던 탐욕과 증오의 증거를 아이히만에게서 찾으려고 애썼다. 아렌트가 보기에, 그들의 시도는 보기 좋게 실패하였다. 범죄 사실에 대한 유죄는 증명했을지 몰라도 아이히만이 악행을 저지를 수밖에 없는 괴물 같은 악인이었음을 증명하지는 못한 것이다.

예루살렘에서 평범하고 정상적인 아이히만으로부터 악함의 징후를 발견하는 데 실패하였다는 점은 아렌트에게는 선악에 대한 다른 의견을 갖게 되는 중요한 계기가 되었다.

"Victrix causa deis placuit, sed victa Catoni."

---

47 『구약성서』「창세기」 4장에 등장하는 이야기다. 아담과 이브 사이에서 태어난 두 아들, 농사짓는 형 카인과 양을 치는 동생 아벨이 있었다. 형제가 함께 하느님께 제물을 바쳐도 하느님은 아벨의 제물만 받고 카인의 제물은 받지 않았다. 이에 화가 난 카인이 아벨을 죽이고 세상을 떠돌게 된다. 이는 인류 최초의 살인이며, 인간의 욕망과 폭력을 드러내는 악행의 시작이라 할 수 있다.

"승리의 원인은 신들을 기쁘게 하지만, 패배의 원인은 카토를 기쁘게 한다."[48]

절대악이나 근본악으로서 악함을 설명하는 것은 그의 잘못을 법적으로 처벌할 수는 있으나 이미 정해진 결론에 대한 대안을 제시할 수 없는 확정된 사건이 되고 만다. 법정에서 사람들은 그의 정상성을 애써 무시하려 했다. 그러나 아렌트가 직시한 평범성과 정상성을 전제로 한 악함은 아이히만만이 아니라 누구도 피해 갈 수 없음을 가리키고 있었다.

번스타인이 가장 놀란 것은 인간의 조건을 파괴하고 변형시키려는 이러한 몸서리나는 계획적 시도가 괴물스러운, 악마 같은 동기를 필요로 하지 않는다는 점이다. 그것은 평범하고 정상적인 사람의 생각하는 능력의 부재로부터 초래될 수 있다고 한 것처럼,[49] 아이히만의 상황은 평범한 일상 가운데 누구에게서나 일어날 수 있는 일이었다.

---

48 아렌트, 『칸트정치철학강의』, 33쪽. 카토(Marcus Porcius Cato Uticensis, B.C. 95~46)는 고대 로마의 정치가다.

49 번스타인, 『한나 아렌트와 유대인 문제』, 244쪽.

나는 재판에 직면한 한 사람이 주연한 현상을 엄격한 사실적 차원에서만 지적하면서 악의 평범성the banality of evil에 대해 말한 것이다. 아이히만은 이아고도 맥베스도 아니었고, 또한 리처드 3세처럼 "악인임을 입증하기로" 결심하는 것은 그의 마음과는 전혀 동떨어져 있는 일이었다. 자신의 개인적인 발전을 도모하는 데 각별히 근면한 것을 제외하고는 그는 어떠한 동기도 갖고 있지 않았다. 그리고 이러한 근면성 자체는 결코 범죄적인 것이 아니다. 그는 상관을 죽여 그의 자리를 차지하려고 살인을 범하려 하지는 않았을 것이다. 이 문제를 흔히 하는 말로 하면 그는 단지 자기가 무엇을 하고 있는지 결코 깨닫지 못한 것이다. (EJ, 391)

악마 같거나 괴물 같지도 않은, 정상적이고 평범했던 아이히만에게서 아렌트가 발견한 것은 누구나 쉽게 저지를 수 있는 생각함의 무능력이었다. 자신이 대면하고 있는 문제가 무엇인지 그리고 그것이 어떤 영향을 가져올 것인지에 대해 생각하지 않는 것, 또한 자신뿐만 아니라 다른 사람의 처지도 한번쯤 생각해 봐야 하는 생각함의 확장성이 그에게는 없었다.

악행은 '근본 동기'로 일어나는 것이 아니라, 관심이나 의지를 특별히 촉발하는 동기가 부재한 상황에서 가능하지 않을까? 우리가 '악인을 증명하는 데 결정적인' 것으로 규정할 수 있는 사악함은 악행의 필요조건일까? 선악 문제, 즉 옳고 그름을 말하는 능력은 우리의 사유 능력과 연계될 수 있을까? 우리는 미덕을 가르칠 수 있고 또 학습할 수 있다고 믿듯이, 사유를 통해 선을 행할 수 있다고 생각하지만, 확실히 그렇지는 않다. 우리는 다만 습관과 관습만으로 배울 수 있으며, 새로운 상황이 행위 습관과 양식의 변화를 요구할 때, 너무도 빨리 그것을 터득하고 망각한다는 것을 잘 알고 있을 뿐이다. (*LM*, 48)

우리는 악인이 본래부터 악하다고 여긴다. 근본악이야말로 악인과 우리를 구분하는 가장 명확한 이유가 되기 때문이다. 그래서 악인으로부터 악함의 동기를 찾고자 애쓴다. 하지만 악함만이 악행을 불러일으키는 동기인가? 아이히만은 선천적인 악인이 아니었다. 그에게는 악함으로 규정할 만한 동기가 없었다. 유대인을 혐오하거나 증오하지 않았으며 폭력적인 성향도 지니지 않았다. 그의 악행에 악함은 필요조건이 아니었다. 오히러 아렌트가 보기에, 그의 악함은 본래 악인이어서가 아니라 자신이 속한 세계와 그 안에 사는 사람들을 함께 생각하는 능력이 없었기 때문이다.

소크라테스 이래로 온전한 영혼이 되기 위해서는 앎을 추구해야 하며, 그 방식은 생각함에 있다고 여겼다. 동양의 성선설이나 성악설에서도 악함이 아닌 선함으로 사람들을 이끄는 것은 공부, 즉 끊임없는 자기 수양이다. 이처럼 앎은 우리를 좋은 삶으로 이끈다. 앎의 추구는 결핍과 부재를 채우는 방법이며 자신을 사랑하는 방법이다. 앎은 세대를 이어 오며 과거의 경험을 바탕으로 현재를 살도록 만든다. 따라서 앎은 모두를 둘러싼 다양한 사회적 환경과 관습의 영향을 받는다.

새로운 일의 출현은 한편으로는 미래에 대한 예측을 불가능하게 만들고, 다른 한편으로는 과거의 경험에 따라 만들어진 이론이 미래의 새로운 현상에 적용될 수 없다는 점을 분명히 해 준다.[50] 그러나 과거의 경험과 단절된 20세기의 전체주의는 사람들에게 예상치 못한 상황을 제시한다. 전체주의에 적합한

---

50 김선욱, 『한나 아렌트 정치판단 이론』, 42쪽.

행동은 이전과는 다른 도덕적 판단 기준을 요구했으며, 허용되는 것과 허용되지 않는 것의 구분을 모호하게 만들었다. 그리고 생존을 위해 새로운 환경에 적응하도록 강요했다.

그렇다면 전례 없는 사건과 대면하고 있는 우리에게 필요한 것은 무엇일까? 그것은 기존의 이론이나 도덕으로 해결되지 않는 문제에 대해 다시 생각하고 그에 대한 자기 의견을 말하며, 상황에 따라 유연하게 판단하는 능력이다. 그것은 현실을 정확하게 분석하고 사유하는 정신적 삶의 활발한 활동을 통해 얻을 수 있다. 하지만 아이히만은 생각함과 말함의 무능력뿐만 아니라 판단의 유연성조차 갖추지 않았다. 특히 그것이 자신을 위한 일이 아닌 경우에는 더더욱 말이다.

아렌트는 인간의 도덕적 능력이 사회적 환경이나 관습 등에 따라 너무나도 쉽게 변하는 상황에서 옳음과 그름, 선과 악을 구별하는 능력은 사유하고 판단하는 정신적 활동의 실행을 전제해야 한다고 믿게 되었다.[51]

---

51 번스타인, 『한나 아렌트와 유대인 문제』, 264-265쪽 참조.

몇 년 전 예루살렘에서 있었던 아이히만 재판을 보고하면서, 나는 '악의 평범성'에 대해 언급했으며, 이것은 이론이나 원리가 아니라 매우 사실적인 어떤 것, 즉 거대한 규모로 저질러진 악한 행동의 현상을 의미하는데, 그것은 행위자에게 있어서 연약함, 병폐, 혹은 이데올로기적 확신에 대한 어떠한 개별성을 발견할 수 없었으며, 행위자의 개인적인 차이만이 터무니없는 천박함이란 가정이었다. 행위가 아무리 극악무도하다 할지라도, 행위자가 극악무도한 것도 아니며 악마적이지도 않으며, 재판과 이전의 경찰 조사 과정에서 나타난 그의 행동뿐만 아니라 과거에 있어서 파악할 수 있는 유일하게 특징적인 것은 전적으로 부정적인 어떤 것이었다: 그것은 우둔함이 아니라 흥미롭게도 전적으로 생각함에 있어서의 무능력이었다.[52]

예루살렘의 법정에서 만난 아이히만을 보면서 아렌트가 염려했던 부분이 바로 이것이다. 정신적으로 장애가 있는 것도 아니고 이상한 이념으로 세뇌된 것도 아닌, 그저 평균적인 보

---

52 Arendt(1984), "Thinking and Moral Consideration: A Lecture", p. 7.

통의 인간이 어떻게 옳고 그름을 구분할 수 없었던가 하는 점이다. 아렌트는 아이히만이야말로 생각함과 말함의 무능력을 보여 준 결정체라고 생각하게 되었다.

아렌트는 악을 사유의 거부라고 말한다. 사유하고 기억하는 것은 이방인으로서 세계에 사는 모두가 이 세계에 뿌리를 내리고 살게 하는 인간적인 방법이다. 우리가 아무도 아닌 것이 아니라 개인 또는 인격으로 불리는 것은 사유한다는 것에 기반을 두고 있기 때문이다. 사유한다는 것은 자기 자신으로 살아간다는 것이며 자신의 행동에 한계를 지을 줄 안다는 것이다. 한계를 모르는 무한하고 극단적인 악은 자기를 성장시킬 뿌리가 모자란 것이다. 소크라테스는 자기 자신과 끊임없는 대화를 통해 아는 것과 모르는 것을 확인하고, 모르는 것을 알려고 노력하는 삶이야말로 온전한 영혼을 만들어 가는 과정이며, 좋은 삶을 사는 인간다움의 길이라고 여겼다. 만약 한계를 모르고 생각함의 무능력으로 악행을 저지르는 사람이 있다면, 그는 생각하는 능력의 부재와 함께 자아를 상실하게 될 것이다.[53]

---

53 아렌트, 『책임과 판단』, 204-205쪽 참조.

자신의 한계를 모른 채 극단적인 악함의 전형을 보여 준 아이히만이야말로, 아렌트가 보기에 생각함의 무능력이 가져온 전형이었다. 인간은 누구나 생각하고 판단하며 그것을 실행에 옮기는 존재이기 때문이다. 생각함의 무능력은 그를 둘러싼 정치적 이데올로기와 사회적 지위, 그리고 그가 신봉하는 이상주의 등 다양한 외부적 조건과 맞물려 외부적으로 나타난 것이지 본래부터 그러했던 것은 아니다. 만약 본래부터 그랬다면, 아이히만은 근본악의 전형이며 본성적으로 악행을 저지를 수밖에 없는 악인이어야만 하기 때문이다. 그러나 사람들이 분석하고 평가하여 판단한 아이히만은 특별한 악인이 아니라 평범한 사람이었다.

아이히만이 재판 진술 과정에서 선택적으로 사용하였던 언어에서 생각함의 무능력을 이끌었던 요소를 찾아볼 수 있다. 앞서 2장의 '조작된 언어'에서 살펴본 바와 같이, 독일 나치 시기에 그들은 사람들이 폭력적인 행동에 무뎌지고 반감을 품지 않도록 직접적인 단어의 사용을 금하고 은유적 표현을 쓰도록 하는 언어규칙을 만들었다. 예를 들어 '명령을 받은 자'는 '비밀을 가진 자'로, '제거, 박멸, 학살' 등의 단어는 '최종 해결, 소개疏

開, 특별취급' 등으로 바꾸어서 사용하였다. 유대인 학살을 떠올릴 수 있는 직접적인 언어 사용을 피하고 일상적인 용어나 상투어를 씀으로써, 언어에 내재해 있는 감정이나 윤리의식, 혹은 사유와 판단의 책임에서 벗어나 현실감을 상실하도록 만들었다.[54] 아이히만은 이러한 독일 나치의 언어규칙을 성실히 따랐다. 법정 진술에서 관용어나 상투어, 고리타분한 문장을 선택하여 질문에 답하였으며, 미리 제출된 보고서의 내용을 그대로 반복하는 태도를 보였다.

사람들은 일상적인 대화에서 상투어나 관용어를 많이 사용한다. 그리고 그런 언어 사용이 크게 문제가 되지는 않는다. 어떤 문제에 직면했을 때 각자 자신만의 방식으로 생각하고 자기 의견을 떠올린다 하더라도 문장의 선택에는 교집합이 있을 수 있다. 살아온 환경이나 교육 내용이 유사하다면, 선택하는 문장도 비슷할 것이다. 이야기할 때마다 매번 새로운 단어를 창의적으로 만들어 낼 수는 없지 않은가. 더구나 신조어를 잘못 사용하면 의미 전달이 제대로 되지 않아 벽 보고 혼잣말을 하

---

54 아렌트, 『예루살렘의 아이히만』, 147-149쪽 참조.

는 것과 별반 다르지 않은 상황이 발생할 수도 있다.

그래서 의미를 적확하게 전달할 수 있다면 오히려 상투어나 관용어가 유용하게 쓰이기도 한다. 상투어나 관용어의 사용은 오랜 습관과 경험을 통해 모두가 동의한 결과라는 점에서 자연스러운 언어 활동이다. 하지만 그때 선택한 문장이 자기 생각을 적절하게 표현할 수 있는 것인지에 대해서는 입 밖으로 내기 전에 한번쯤 생각해 볼 필요는 있다. 그냥 앵무새처럼 의미 없이 반복하는 것인지 아니면 적절한 선택이었는지를 말이다. 아렌트가 보기에 아이히만의 법정 진술에서 상투어나 관용어를 사용한 말하기는 자신의 행위에 대한 숙고와 판단을 통해 적절하게 선택된 문장으로 이루어진 것이 아니라 정해진 질문에 대해 기계적으로 내뱉은 것이며, 자신의 행위에 대한 정확한 이해와 사실을 제대로 반영하지 못한 의례적인 것이었다.

아이히만은 수백만 명의 사람을 죽음으로 보내는 데 상당히 유능했다. 전문가라면 자신이 하는 일에 대해 자신의 언어로 충분하게 설명할 수 있어야 한다. 하지만 아이히만은 기존의 언어규칙 없이 적절한 방식으로 설명할 능력이 없었다. 아렌트의 지적대로 아이히만의 문제는 생각함의 총체적인 결여에 있으며, 이는 아이히만이 재판 진술 과정에서 선택한 언어에서 분명하게 나타난다. 아이히만은 관용어나 상투어, 고리타분한 문장을 선택하였다. 자신의 의견을 표현하기 위해 적절한 단어를 스스로 선택하는 것이 아니라 몸에 밴 습관처럼 의례적인 단어를 사용함으로써, 생각함뿐만 아니라 말함의 무능력도 보여 준 것이다.

아르헨티나나 예루살렘에서 회고록을 쓸 때나 검찰에게 또는 법정에서 말할 때 그의 말은 언제나 동일했고, 똑같은 단어로 표현되었다. 그의 말을 오랫동안 들으면 들을수록, 그의 말하는 데 무능력함inability to speak은 그의 생각하는 데 무능력함inability to think, 즉 타인의 입장에서 생각하는 데 무능력함과 매우 깊이 연관되어 있음이 점점 더 분명해진다. 그와는 어떠한 소통도 가능하지 않았다. 이는 그가 거짓말하기 때문이 아니라, 그가 말the words과 다른 사람들의 현존the presence of others을 막는, 따라서 현실 자체reality as such를 막는 튼튼한 벽으로 에워싸여 있었기 때문이다. (EJ, 106)

아이히만이 선택한 상투어나 관용어는 자신이 저지른 행위의 윤리성을 자기 자신뿐만 아니라 상대조차 인식하지 못하도록 만드는 일종의 도덕성 없는 방패이기도 했지만, 자기 생각조차 자신의 언어로 말할 능력이 없는 말함의 무능력도 함께 보여 주는 창이기도 했다. 왼손에는 무엇이든 막을 수 있는 방패를, 오른손에는 무엇이든 뚫을 수 있는 창을 든 아이히만이지만 결국 창도 방패도 쓸 줄 모르는 무능력함으로 악행을 저지른 것이다.

자기모순에 빠진 아이히만을 통해 아렌트가 이야기하고자 한 것은, 그의 악행이 생각함과 말함의 무능력에서 왔음을 증명하는 데 머무르지 않는다. 한 걸음 나아가 악행은 특별하게 선택된 누군가가 저지르는 것이 아니다. 생각함과 말함의 무능력에 빠지는 건 누구도 예외가 될 수 없다. 악행의 본성은 평범하다. 그러나 누구나 아이히만이 될 수 있다면, 누구나 아이히만이 되지 않을 수도 있다.

생각함과 말함이 현실이라는 거대한 벽에 부딪혀 산산조각이 나지 않기 위해서, 다시 말해 자신의 인간다움을 지키기 위해서 무엇을 해야 할 것인가?

아렌트는 아이히만 재판을 통해 이 질문의 답을 찾고자 한 것
은 아닐까 싶다.

5장
아이히만 이해하기

    아렌트는 예루살렘에서 진행된 아이히만 재판을 참관하면서, 한편으로 그가 유대인 문제와 관련하여 저지른 명백한 범죄에 대한 판결의 법적 타당성을 인정하는 동시에, 다른 한편으로 지극히 정상적이고 평범한 아이히만이 그런 악행을 저지르게 된 이유가 생각함과 말함의 무능력 때문이라고 생각하였다. 그리고 생각함과 말함의 무능력은 아이히만만이 아니라 누구에게나 일어날 수 있는 평범한 것이라는 점에서 악의 평범성을 이야기한다.

    일상적인 삶에서 생각함과 말함의 무능력이 가져오는 악함은 누구도 피해 갈 수 없으니 어쩔 수 없다고 해야 할 것인가?

1942년과 1961년의 아돌프 아이히만

경험해 보지 못한 상황에 부닥쳤을 때 문제를 해결하기 위한 대안을 마련하는 데 큰 노력이 필요하지만, 축적된 경험은 다음을 대비하는 데 좋은 밑거름이 된다. 다시 말해 생각함과 말함의 무능력이 악행을 저지르게 만든다는 아렌트의 이야기는 생각하고 말하는 능력을 키운다면 악함과 거리를 둘 수 있음을 의미하기도 한다. 그렇다면 우리는 아이히만을 범죄자로 비난하는 것에 머무르지 말고 그를 이해함으로써 더 나은 미래를 준비해야 하지 않을까?

이해는 어쩔 수 없는 상황이었음을 참작해 용서의 미덕을 발휘하는 것이 아니다. 과거의 경험을 토대로 현재를 분석하고 판단함으로써 새로운 미래를 맞이하고자 하는 발전적 자세이다. 『예루살렘의 아이히만』은 잔혹한 반인류적 사건에 대한 반성문이 아니며 범죄자를 처벌하기 위한 판결문도 아니다. 오히려 현재의 시선에서 과거를 분석하고 미래를 준비하기 위한 현재의 이해 과정이다.

1. 재판 그 이후

예루살렘에서 진행된 아이히만 재판은 시작부터 문제를 안고 있었다. 그가 부에노스아이레스에서 모사드에 의해 예루살렘으로 납치되었기 때문이다. 납치는 국제법에 저촉되는 방식인 데다가 비밀경찰에 의한 국가 행위로 진행되었다. 이스라엘 법정은 이 점을 인정하지도 부인하지도 않았으며, 아르헨티나와 이스라엘의 관계에 영향을 줄 뿐 아이히만의 권리와는 무관하다고 주장했다. 사실 아이히만은 가짜 신분으로 아르헨티나에서 살았기 때문에 정치적 권리가 있다고 주장하기 어려웠으며, 그 또한 자신이 독일 시민권자임을 분명하게 밝혔고, 망명자에게 해당하는 권리를 주장하지도 않았다.[55]

수많은 법적 논쟁에도 불구하고, 납치가 빈번히 이루어진 체포의 한 양상이라는 인상을 결국 사람들이 갖게 된 수많은 전례에 근거하여, 예루살렘 법정이 아이히만에 대해 재판을 하게 된 것은 다름 아니라 아이히만이 사실상 무국적 상태였기 때문이다. (*EJ*, 334)

그래서 아르헨티나와 이스라엘 간 협의가 이루어졌다면 무국적 상태의 아이히만이 예루살렘에서 재판을 받는 것은 큰 문제가 없어 보인다. 그렇다고 해서 아이히만 재판이 적절하게 진행되었느냐고 묻는다면, 몇 가지 반론을 제기할 수 있다. 우선 재판이 열린 장소의 적절성이다. 대부분의 전범 재판은 패자의 법정인 독일의 뉘른베르크와 일본의 도쿄에서 진행되었다. 반면 아이히만 재판은 이스라엘의 심장부인 예루살렘, 즉

---

55 아렌트, 『예루살렘의 아이히만』, 333–334쪽 참조.

승자의 법정에서 진행되었다. 이는 공정한 재판을 위한 전제부터 불합리했다고 판단된다. 둘째, 예루살렘 법정에만 적용되는 것으로, 이 법정이 재판을 수행할 자격이 있는지에 관한 물음과 아이히만을 납치해서 예루살렘으로 압송한 사실에 대해서는 문제 삼고 있지 않다는 점이 제기되었다. 강압에 의한 자백이나 잘못된 방법으로 얻은 증거가 법정에서 채택되지 않는 것과 마찬가지로 아이히만이 법정에 서기까지의 모든 과정이 적절하지 않았다는 점이다. 끝으로 가장 중요한 반론은 힘의 자체의 문제이다. 아이히만이 저지른 유대인 문제를 '인류에 대한' 범죄가 아닌 '유대 민족에 대한' 범죄로 규정함으로써 독일 나치가 아닌 아이히만 개인의 문제로 취급하여 유대 민족의 법으로 그를 처벌하는 것에 정당성을 부여하려고 했다는 점이다.[56]

이전까지 뉘른베르크에서 진행된 전범 재판은 1945년 런던 협약에 따라 진행되었다. 여기에서 진행된 재판은 평화에 대한 범죄, 전쟁 범죄, 그리고 인류에 대한 범죄에 초점이 맞추어져

---

56 아렌트, 『예루살렘의 아이히만』, 352쪽 참조.

진행되었다. 문제는 인류에 대한 범죄만이 적용된 전례가 없었던 것이다. 이는 범죄라고 공공연하게 비난을 받긴 했지만, 공식적인 범죄로 인정된 적은 없었다.[57] 따라서 유대인 학살과 같은 전례가 없는 범죄에 대한 판결을 위해서는 새로운 법이 필요했다. 또한 유럽 전역에 퍼져 있던 유대인이 그들의 국적과 상관없이 유대인이기에 살해당한 것 역시 의심할 여지가 없다. 그들이 폴란드인으로 혹은 프랑스인으로 죽기를 원했다 하더라도 말이다.

유대인에 대한 범죄가 뉘른베르크 헌장의 제한적인 법적 의미에서 '국제적' 관심사로 만든 것은 유대인이 지역적으로 분산되어 있었다는 사실이었다. 일단 유대인이 그들 자신의 영역, 즉 이스라엘 국가를 갖게 되자 마치 폴란드인들이 폴란드에서 저지른 범죄들에 대해 심판할 권한을 가진 것과 마찬가지의 권한을 유대인은 자기 민족에 대해 저지른 범죄들에 대해 분명히 가지게 된 것이다. (*EJ*, 358)

---

[57] 아렌트, 『예루살렘의 아이히만』, 352-358쪽 참조.

유대인 문제에 관한 재판과 관련하여 이스라엘 국가의 성립은 이전과 달리 아이히만 재판에 정당성을 부여하기에 충분했다. 폴란드 국민에 대한 범죄 판결을 폴란드 법정이 맡는 것처럼, 유대 민족에게 일어난 재판을 이스라엘 법정이 맡는 것은 정당하기 때문이다. 재판의 목적은 정의를 드러내는 것이다. 피고에 대해 판결을 내리고 적절한 처벌을 내리는 것이다.

아이히만 재판은 두 가지 입장에서 생각해 볼 수 있다. 하나는 보편적 재판권이다. 아이히만의 행위는 유대인만이 아닌 인류 전체를 대상으로 저질러진 범죄 행위다. 전통적인 국제법의 해적 이론에 따르면 활동 영역이 누구의 바다도 아닌 공해이기 때문에 해적은 공동체와 무관하게 자기 자신만을 위해 일한다고 판결한다. 여기에 빗대어 볼 때, 아이히만이 누구도 아닌 자기 자신만을 위해 일했다고 주장하기는 어렵다. 그런 점에서 보편적 재판권의 허용은 적절하지 못하다.

다른 하나는 속지주의이다. 만약 이스라엘이 속지의 의미를 단순히 지정학적 개념이 아니라 정치적이고 법적인 개념으로 설명하기만 했다면 속지주의적 사법권을 쉽게 주장할 수 있었을 것이다. 이는 해당 집단에 속하는 개인 사이의 공간과 연결

되는 것인데, 이 공간에서 집단 구성원은 공통의 언어와 종교, 공통의 역사와 관습, 법에 기초한 모든 종류의 관계 때문에 서로 연결되면서 동시에 분리되고 또 보호된다. 이러한 관계적 공간의 유지가 이스라엘 국가의 성립을 가능하게 했으며, 이로부터 아이히만에 대한 재판은 어느 정도 적실성을 갖게 되는 것이다.[58]

범죄가 발생했다면 그에 대한 처벌을 집단이든 개인이든 누군가 받아야 한다. 물론 처벌 대상이 집단이라면, 집단에 속한 모두가 죄인이 된다. 하지만 모두가 그렇다면 '죄인'의 개념이 없어져 모두가 죄인이 아닌 상태가 될 것이기에, 처벌의 대상은 집단이 아닌 개인이어야 한다. 유대인 문제에서 그 개인이 '최종 해결'의 실무를 담당했던 아이히만이었을 뿐이다. 따라서 아이히만 재판은 실제로 뉘른베르크 재판에 뒤이은 수많은 전범 재판 중의 하나일 뿐 그 이상도 이하도 아니다. 그럼에도 아이히만 재판은 다른 전범 재판과는 다른 양상을 띠었다.

---

58 아렌트, 『예루살렘의 아이히만』, 361-368쪽 참조.

합법화된 차별이라는 국가적 범죄나 추방이라는 국제적 범죄는 모두 근대에도 전례가 없었던 것이 아니다. 새로운 범죄, 즉 인류에 대한 범죄가 나타난 것은, 독일 국민이 어떠한 유대인도 독일에 있는 것을 원하지 않을 뿐만 아니라 유대 민족 전체를 지구상에서 사라지게 하기를 바란다는 것을 나치 정권이 선언했을 때였다. 추방과 대량학살은 비록 이 두 가지 모두가 다 국가적 범죄이지만 분명히 구별된다. 추방은 동료 국가들에 대한 침해이지만, 후자는 인류의 다양성 자체, 즉 그것이 없다면 '인류' 또는 '인간성'이라는 말 자체가 의미를 잃어버리게 되는 '인간적 지위'의 특징에 대한 공격이다. (*EJ*, 369)

아렌트는 아이히만 재판이 다음의 세 가지를 제대로 파악하지 못했기에 실패했다고 판단한다. 첫째, 예루살렘이라는 승자의 법정이 가진 훼손된 정의의 문제이다. 승자의 법정에서 패자의 재판이 진행되면 정당한 재판이 진행될 수 없다는 점은 누구나 알 수 있다. 더구나 피고를 위한 증인조차 허용되지 않았다는 것이 가장 심각한 흠이었다. 둘째, 인류에 대한 범죄의 타당한 정의이다. 유대인 문제는 유대 민족이라는 한 민족에 대한 말살 정책이긴 하지만, 그 성격상 보편적 인간성을 말살하는 정책이기도 하다. 인간으로서 가져야 할 기본적인 조건들, 다시 말해 생각하고 말하는 자유를 억압하고 죽음에 이르게 한 것은 유대 민족만이 아니라 인류 모두에게 저질러진 만행이기 때문이다. 하지만 예루살렘 법정은 반인류적 사건에 대한 재판을 유대 민족에게 한정하여 이스라엘 법으로 진행함으로써 이를 국지적 사건으로 축소하였다. 셋째, 이러한 범죄를 저지른 새로운 범죄자에 대한 인식이다. 모두가 원했던 아이히만의 모습은 비정상적인 괴물이었다. 수많은 사람을 죽음에 몰고 갈 정도라면 선천적으로 악인이거나 상부로부터 철저하게 세뇌되어 유대인 혐오주의로 무장했어야 했다. 그것도 아니라면 적어도 스스로 악인이 되고자 애를 쓰는 리처드 3세 정도쯤은 되어야 했다.[59] 하지만 법정에서 마주친 아이히만은 그렇지 않았다. 우리 주변에서 흔히 볼 수 있는 정상적이고 평범한 사람이다. 다만 생각함과 말함에 있어 무능력을 보여 주었다는

---

[59] 리처드 3세는 15세기 영국 요크왕조의 마지막 왕이다. 뛰어난 행정 능력을 인정받아 즉위하였으나 이후 조카들과 신하들을 무자비하게 숙청함으로써 신임을 잃었다.

점이 다를 뿐이다. 죄를 저지른다는 것은 태어날 때부터 죄인이기 때문이 아니다. 아렌트가 생각한 새로운 범죄자는 특별함이 아니라 평범함에서 나타난다. 아이히만처럼 생각함과 말함에 있어 무능력하다면 누구든 악인이 될 수 있다. 이 부분을 인정하지 못한다면, 아이히만을 제대로 평가할 수 없을 것이다.[60]

아렌트는 『예루살렘의 아이히만』 에필로그를 다음과 같은 말로 마무리한다.

논증을 위해서 피고가 대량학살의 조직체에서 기꺼이 움직인 하나의 도구가 되었던 것은 단지 불운이었다고 가정을 해 봅시다. 피고가 대량학살 정책을 수행했고, 따라서 그것을 적극적으로 지지했다는 사실은 여전히 남아 있습니다. 그리고 이 지구를 유대인 및 수많은 다른 민족과 함께 공유하기를 원하지 않는 정책을 피고가 지지하고 수행한 것과 마찬가지로, 누구도, 즉 인류 구성원 가운데 누구도 피고와 이 지구를 공유하기를 바란다고 기대할 수 없다는 것을 우리는 발견하게 됩니다. 이것이 바로 당신이 교

---

60 아렌트, 『예루살렘의 아이히만』, 376-379쪽 참조.

수형에 처해져야 하는 이유, 유일한 이유입니다. (*EJ*, 382)

2. 제대로 생각하기

20세기 전체주의 국가들이 벌인 전례 없는 반인륜적 사건은 우리에게 끔찍한 교훈을 가르쳐 주었다. 모든 것이 가능하다는 원리에 근거한 전체주의의 지배는, 변경되거나 제거될 수 없는 인간의 본성이나 조건이란 없다는 것을 보여 주었다. 전체주의의 공포는 "인간 본성 자체의 변형"을 목표로 한다. 생각하고 판단할 수 있는 우리의 능력조차도 제거될 수 있다.[61] 주어진 상황에 적응해야만 살아남을 수 있으며, 자신만의 생각함과 말함을 갖는 순간 죽음의 나락으로 떨어질 수 있다는 공포는 엄청난 파괴력을 가진다. 인간다움을 지킬 수 있는 본성을 바꾸고, 인간답게 살 수 있는 도덕법칙을 무너뜨린다. 아무것도 규정된 것이 없으며, 국가의 통치 이념에 따라 새롭게 만들어지고 낯설게 적용된다. 스스로 생각할 수 없으며 스스로 결정할

---

[61] 번스타인, 『한나 아렌트와 유대인 문제』, 284쪽.

수 없다. 생존 앞에서 모든 사람이 인간다움의 조건을 상실하고 자유가 허락되지 않는 노예로서의 종속적인 삶에 굴복해야 한다. 이것은 선택된 유대 민족만의 문제가 아니다. '최종 해결'의 실무자였던 아이히만 역시 예외는 아니었다.

예루살렘 법정에서 아이히만은 자신이 독일 나치의 수많은 톱니바퀴 가운데 하나였으며, 상부의 명령을 충실하게 수행하는 것만이 최선의 삶이었다고 자신의 행동을 변론하였다. 그가 선택한 최선의 삶은 한편으로 수많은 유대인을 죽음으로 몰고 간 현실적 삶에서의 악함으로 드러났으며, 다른 한편으로 자신 이외에는 고려하지 않은 채 꼭두각시 노릇을 하는, 생각함과 말함의 무능력이라는 정신적 삶에서의 악함으로 드러났다. 현실적 삶과 정신적 삶은 따로 떼어져 각자의 역할을 하지 않는다. 현실적 삶은 활동만으로 이루어지는 것이 아니라 그 활동을 뒷받침하는 정신적 활동이 있어야만 가능하다. 생각하지 않는 행동은 공허하며 행동하지 않는 생각은 무의미하다.

아렌트는 아이히만이 보여 준 생각함과 말함의 무능력을 지적하면서, "정치적인 사유는 정치적 사건들의 현실태로부터 기인하고, 사유 그 자체는 살아 있는 경험의 사건들로부터 기인하며, 그것을 포함하고 있는 유일한 지침서로써 그것들에 결부된 채 남아 있다"[62]고 말한다. 생각은 아무것도 없는 데서 나오지 않는다. 생각함은 '나는 무엇을 생각한다'이다. 생각하는 주체(나)와 생각되는 객체(무엇)가 하나의 짝을 이룬다. 생각의 대상으로서 객체는 과거의 경험으로부터 시작된다. 과거의 경험은 다양한 시선을 만들고 그 안에서 현재를 판단하기 위해 생각하게 만든다. 같은 경험이라도 사람들마다 생각하는 바가 다르고 그것을 판단하는 기준 역시 다르다. 다양한 생각이 모여서 적절한 판단 기준을 만들면 후에 유사한 상황이 일어났을 때 어떻게 대처해야 할지 길잡이 역할을 할 수 있다.

하지만 이전에 경험하지 못한 사건에 대해서는 어찌해야 할 것인가? 아렌트는 아이히만 재판이 진행될수록 사유와 판단에 대해 새롭게 생각해야만 하는 어려움과 대면하게 된다. 한 민족이 다른 민족을 핍박하는 일은 새로운 사건이 아니다. 하지만 독일 나치에 의해 자행된 일은, 단지 유대 민족만이 아니라 전 인류를 향하여 인간성 자체를 말살하려는, 이전에는 없었던

---

62 아렌트, 『과거와 미래 사이』, 24-25쪽 참조.

사건이었다. 이 상황에서 어떻게 해야 할지 생각하고 판단하는 일 자체가 낯설 수밖에 없다. 낯선 일과 마주하여 생각하고 판단하기 위해서는 그에 적합한 새로운 기준이 요구된다. 물론 그 기준은 이전의 경험과 완전히 분리된 것이 아니다. 누적된 경험에서 구체적인 내용을 가지고 올 수 없더라도 기본적인 전제는 가져올 수 있다. 그것은 생각함과 행위의 연관성이다. 생각함의 무능력은 행위의 정당성을 담보할 수 없다.

전체주의가 집단수용소에서 생각함과 말함의 자유를 통제함으로써 생활 자체를 억압하고 강제한 것은 그로부터 발생할 수 있는 국가에 대한 저항과 비판 자체를 원천적으로 봉쇄하기 위함이다. 이것은 또한 통치를 수월하게 만드는 최상의 무기이기도 하다. "생각 자체도 오직 명령을 내리거나 수행함으로써만 있을 수 있다"[63]는 히틀러의 말은 오직 명령에 따라 만들어지고 제공되는 만큼 스스로 생각하거나 행동할 수 없음을 의미한다. 명령에 따라 이미 결정된 것과 다른 의견은 어떠한 것도 허용하지 않는다. 사람들은 스스로 생각하고 행동하는 살아 있는

---

63 아렌트, 『전체주의의 기원』 2, 47쪽.

유기체가 아니라 꼭두각시 인형이 되어 이 명령을 수행한다. 자유롭게 생각하고 의견을 말하는 것이 배제된 인간의 삶은 노예적 삶이다.

인간은 세계에서 혼자가 아니라 다른 사람과 함께 살아간다. 다른 사람과 나를 구분시키고 세계에서 삶을 영위하도록 만드는 조건은 서로 다르게 생각하는 것에서 시작한다. 아리스토텔레스의 시민 개념을 토대로 아렌트가 이야기하는바, 공적 영역에서 자유롭게 생각하고 의견을 표현하는 정치적 대화의 실현 여부에 따라 인간다움이 보장된다. 정치적 인간으로서의 삶을 보장하는 것은 자유의 실현에 기반한다. 자유의 실현으로서 정치는 공적 무대에서 다른 사람과 관계를 맺으며 공적 이익을 추구하는 삶이다. 공적 이익은 생존이라는 사적 이익에 얽매이지 않고 다른 사람의 입장을 생각하며 서로 이야기를 나누는, 정치적 행위에서 얻어진다. 하지만 자유 자체를 인지하지 못하거나 박탈당한 사람은 절박한 생존의 문제에 갇힌 종속적인 노예의 삶을 살게 된다. 노예는 공적 영역에서 배제돼 인간다운 삶에서 멀어진다.

아렌트가 경제적 영역을 사적인 것으로 분류하고 노동이나 작업에 의한 삶이 안정되었을 때 공적 영역으로 진출할 수 있다고 한 것은, 정치적 행위가 단지 정치 공동체의 정책이나 행정에 국한된 업무적 차원에 머물지 않기 때문이다. 만약 공적 영역을 국가 통치의 행정 영역으로 제약한다면, 오히려 사적 이익을 취하는 방향으로 진행될 것이다. 전체의 이익을 추구하는 것처럼 보였던 전체주의가 국가 통치와 권력 유지에 총력을 기울임으로써 개인의 명령에 휘둘리거나 개인의 이익을 취하는 데 악용되었던 것처럼 말이다. 그러나 정치의 본모습은 그런 것이 아니다. 공적 영역에서 공적 관심에 바탕을 둔 정치는 자신이 아닌 모두의 삶을 위해 생각하고 결정하며 행위한다. 서로 다른 의견이 자유롭게 오고 갈 수 있다면, 그곳이야말로 본래의 정치가 실현되는 곳이며, 그 안에서 인간은 정치적 인간으로서 인간다운 삶을 보장받게 된다. 그래서 국가만이 아니라 다양한 목적을 가진 소규모의 협의체도 공공의 이익을 추구한다면 크기와 상관없이 공적 영역에 포함된다.

아이히만에게 문제가 되었던 것이 생각함과 말함의 무능력이며, 그로부터 그의 악함이 시작됨을 밝힌 아렌트의 의견은, 인간의 활동 가운데 하나인 행위의 문제에 초점이 맞춰지기 때문이다.

아렌트는 인간의 삶을 크게 관조적인 삶vita contemplativa과 활동적인 삶vita activa로 구분한다.

우선, 플라톤 이래 절대적 진리를 추구하기 위해 애써 온 철학적 삶을 관조적인 삶으로 보았던 아렌트는, 이성의 활동을 진리 추구에 집중시킴으로써 다양한 의견을 배제해 왔던 철학의 전통사상을 비판한다. 하지만 아렌트의 정치사상이 결국 정신의 삶이라는 이성적 활동을 중시하는 것으로 나아가는 흐름을 볼 때 아렌트 역시 이성의 전통에서 벗어날 수 없었던 것 같다. 하지만 아렌트가 중히 여기는 정신의 삶은 이전의 사상이 보여 준 동일성을 향한 걸음이라기보다는 각자의 다양한 의견을 강조하는 다양성의 추구라는 점에서 다르다.

반면 활동적인 삶은 노동, 작업, 행위의 세 가지 형태로 구분된다. 노동과 작업은 사적 영역에서 사적 이익을 취하는 활동이다. 이 활동은 생명을 가진 유기체의 활동을 지원한다. 사람들은 세계에서 살아남기 위해 노동하고 작업한다. 더 나은 삶을 위한 그들의 욕구는 비슷하다. 더 많은 이익을 취하는 것, 그것으로 사람들은 모두 동일성의 영역에 들어간다. 중요한 것은 세 번째 활동인 행위이다. 행위는 공적 영역에서 자신의 의견을 표현하는 것이며, 공적 이익을 추구하는 공동체적 활동을 가리킨다. 행위의 가치는 인간을 인간답게 만들며, 나를 다른 사람과 구분하여 나답게 만든다. 따라서 행위야말로 자유로운 본성을 가진 시민으로서 인간이 정치적으로 다양한 삶을 살 수 있게 하는 조건이 된다.

행위는 공적 영역에서의 다양성을 기반으로 서로 다른 사람의 생각을 주고받는 의사소통적 행위이다. 따라서 자유롭게 생각을 말하거나 글로 쓰는 언어 활동이 중요하다. 많은 사람이 모여 있는 자리에서의 의사소통 행위는 글보다는 말이 효과적이다. 상대의 이야기를 듣고 자신의 의견을 말하는 것, 혹은 어떤 문제에 대해 말하는 것은 원리나 이론에 근거해서 문제를 해석하는 것이 아니라 자신의 경험을 근거로 사실을 있는 그대로 표현하는 것이다. 제대로 된 말하기는 다른 사람에게 잘 보이기 위해서, 자신의 잘못을 숨기기 위해서 하는 것이 아니다. 19세기 살롱에서 라헬 파른하겐이 그랬던 것처럼, 자신의 경험을 근거로 자기 방식대로 이야기를 풀어놓는 것이다. 같은 사건이어도 사람들이 경험한 바가 다르고 그에 따른 의견도 제각각이다. 각자의 방식대로 생각하고 각자의 이야기를 풀어놓는 것이야말로 행위에서 언어 활동이 갖는 역할을 잘 나타내는 것이다.

3. 이야기하기

아렌트는 공적 영역에서의 언어 활동인 행위를 중요시하는데, 이때 '말하기'는 혼잣말을 늘어놓는 독백이나 방백이 아닌 공적 무대에서 사람들과 서로 이야기를 주고받는 대화로서의 이야기하기story-telling이다. 이야기하기는 절대적인 형식이나 반드시 따라야 할 기준이 없다. 이야기하기는 자기만의 방식으로 보고 느끼고 생각한 것, 즉 사실적 진리를 말한다. 사실적 진리는 독단적인 것이 아니라 많은 사람과 연관된 사건이나 상황과의 관계에서 나온다. 사실적 진리는 목격자에 의해 성립되며 증인의 진술에 의존한다. 여기서 목격자나 증인의 시선은 하나로 통일되지 않고 각자의 방식으로 다양한 스펙트럼을 갖는다. 또한 사실적 진리는 누군가를 대상으로 이야기되어야만 가치가 있다. 따라서 다양성과 공공성을 가진 이야기하기의 본질은 정치적이다.

이야기하기 혹은 정치적으로 말하기는 말하는 사람과 듣는 사람으로 이루어진 의사소통적 공동체를 전제로 한다. 공동체에 참가하는 사람들은 수평적 관계에서 서로 자유롭고 공평하게 의견을 주고받는다. 올바른 이야기하기는 어느 쪽에도 치우치지 않고 공평한 관점에서 이루어져야 한다. 이것이 행위에 대한 불편부당함impartiality이다. 불편부당함은 자기 생각을 확장해서 다른 사람의 생각까지 고려하는 것, 즉 다른 사람의 입장에서 생각하는 것이다. 그래야만 올바른 판단을 내릴 수 있으며, 그에 따른 행위 또한 정당성을 확보할 수 있기 때문이다. 아렌트가 지적한 아이히만의 생각함의 무능력은 다른 사람의 입장에서 생각하는 능력이 부족함에 있다.

불편부당한 관점을 유지하기 위해서는 마주하는 사안에 대해 자신뿐만 아니라 다른 사람도 어떻게 생각하는지를 염두에 두고 생각함의 외연을 넓힐 필요가 있다. 이것이 '정신의 확장enlargement of the mind'이다. 생각의 외연을 넓히기 위해서는 있지 않은 것을 있게 만드는 능력이 필요하다. 바로 상상력이다. 상상력은 다른 사람의 생각을 받아들여 서로의 의견을 판단하는 데 쓰인다. 또한 상상력은 너무 가까이 있는 것은 거리를 두어 편견이나 선입견 없이 이해할 수 있도록 해 주며, 너무 멀리 떨어져 있는 것은 마치 그것이 자기 일인 것처럼 보고 이해할 수 있도록 먼 거리의 심연에 다리를 놓아 준다. 한편으로 거리를 두기도 하고 다른 한편으로 심연에 다리를 놓아 주기도 하는 것이 이해라는 종류의 상상력이다.

실제로 이해라는 이러한 종류의 상상력이 없다면, 우리는 세계 속에서 우리의 태도를 취할 수 없을 것이다. 이러한 종류의 상상력은 우리가 가지고 있는 내부의 나침반이다. 우리는 우리의 이해가 미치는 한에서만 현대인이다. 만약 우리가 이 세기에 편히 있는 것을 희생하더라도 이 지구상에서 편히 있기를 원한다면, 우리는 전체주의의 본질과의 끝없는 대화에 참여하려고 노력해야 한다. (*ESSAYS*, 511)

이야기하기에서 나눈 대화가 담고 있는 눈에 보이지 않는 내용을 이해하기 위해 우리는 생각한다. 그 과정에서 내용을 이미지화하는 것이 상상력이다. 상상력은 우리가 이해하는 데 도움을 주는 길잡이 역할을 한다. 우리를 이해의 지평으로 이끌며, 그 지평 위에서 우리는 세계라는 공적 무대에서 함께 사는 같은 시대의 사람이 된다.[64] 상상력이 없다면, 우리는 세계에서 우리의 위치를 확인할 수 없을 것이다.

이야기하기는 말하는 것이기도 하지만 다른 사람의 이야기를 제대로 듣는 것이기도 하다. 제대로 듣기 위해서는 비판적 사고가 필요하다. 비판적 사고는 개인의 고독한 사유이지만, 그 사유 안에 다른 사람의 생각을 끌어들이고 개인의 생각을 공적 영역으로 이끈다. 서로의 생각을 비판적으로 주고 받는다는 것은 자신의 상상력을 통해 다른 곳을 방문하러 가도록 자신을 훈련하는 것과 같다. 나와 다른 관점을 가진 사람의 생각을 그대로 받아들이는 것은 그의 생각을 수동적으로 받아들이는 것, 즉 자기 입장에 적합한 편견을 그의 편견으로 대체하는 것에 불과하다.[65] 하나를 다른 하나로 바꾸는 것은 제자리걸음일 뿐이다. 다른 사람의 생각을 능동적으로 받아들이고 스스로

---

64 아렌트, 『이해의 에세이』, 511쪽 참조.
65 아렌트, 『칸트정치철학강의』, 93-94쪽 참조.

생각하여 사유 대상을 새롭게 재구성해야 한다. 이를 위해 다양한 의견을 편견 없이 받아들일 수 있는 열린 자세가 필요하다. 주관적이고 사적인 것과 거리를 두고 객관적이고 공적인 것에 다가갈수록 불편부당함을 얻게 된다.

사적 관심과 거리를 두는 것은 공적 삶의 전제이다. 어떤 상황에 관해 자신의 이해관계를 결부시키지 않고 공정하게 바라보는 것, 그것을 통해 공적 이익을 추구하고자 노력하는 행위야말로 정치적 인간의 의무이다. 아렌트가, 아리스토텔레스가 말하는 시민의 조건을 현재 정치에 끌어들인 것은, 사적 이익과 거리를 둠으로써 공적 행위에서의 불편부당함을 확보하기 위함이었다. 사적 영역에서 생존에 종속되어 자기 이익만을 추구하는 순간, 인간은 공적 영역에서의 정치적 인간으로서 자기 역할을 상실하게 된다.

예루살렘의 재판에서 아렌트가 지적한 아이히만의 무능력은 그가 사용한 문구에 고스란히 드러난다. 상투어와 관용어로 가득한 그의 말하기는, 한편으로는 자기 생각을 숨기는 수단이기도 하지만, 다른 한편으로 상부의 명령에 복종하는 데 자기 의견을 제시할 이유가 없는 그의 처지를 나타냈다고 보는 것이 적절할 것이다. 대면하고 있는 상황에 대해 어떤 생각을 하고 어떤 판단을 했느냐는 생각함의 무능력으로 인해 보고서에 적시된 내용만을 그대로 읊을 수밖에 없었을 것이다. 아이히만은 같은 말을 반복하는 앵무새이며, 녹음된 이야기를 반복적으로 재생하는 녹음기에 불과하였다. 자유롭게 생각하고, 자기 의견을 자기 방식으로 다른 사람에게 말할 수 있는 자기만의 이야기가 없었던 것이야말로 아이히만이 가진 무능력의 본모습이었다.

> 이처럼 현실로부터 멀리 떨어져 있다는 것과 이러한 무사유가 인간 속에 아마도 존재하는 모든 악을 합친 것보다도 더 많은 대파멸을 가져올 수 있다는 것, 이것이 사실상 예루살렘에서 배울 수 있는 교훈이었다. (*EJ*, 392)

4. 아이히만 이해하기

아렌트가 예루살렘의 법정에서 만난 아이히만은 '최종 해결'을 수행하는 과정에서 생각하는 데 무능력, 말하는 데 무능력을 보여 주었을 뿐만 아니라, 다른 사람의 입장을 생각하고 그 의견을 수렴하고자 하는, 확장된 정신에 따른 불편부당함도 갖추지 못한 사람이었다. 적어도 공적 업무를 담당하는 자신의 직책을 제대로 이해했더라면, 아이히만은 자신의 신념과 이익을 위한 개인적 판단을 내리는 것이 아니라 공동체의 다양한 의견을 수렴하고 공적 이익을 취하도록 적절한 판단을 내리는 데 노력을 기울여야 했을 것이다. 아이히만이 유죄인 것은 반인륜적 범죄의 실무자였기 때문만은 아니다. 일상생활에서 정치적 인간이라면 갖추어야 했을 생각과 판단, 그리고 표현의 자유를 실현하지 못했다는 것도 그 이유였다.

재판이 진행된 예루살렘의 '평화의 집'에서 '최종 해결'에 대해 증언하기 위해 참여한 수많은 유대인 생존자는 자신과 가족에 관한 이야기를 풀어놓았다. 그들의 이야기가 펼쳐진 법정이야말로 이야기하기를 통해 정치적 대화가 이루어지는 정치적 행위의 무대였다. 이 법정이 정치적 대화의 영역으로서 제 역할을 충실히 하기 위해서는 이야기하는 사람에게 발언의 자유가 주어져야 하며, 그 이야기를 듣는 사람은 그들의 이야기를 이해하고자 귀 기울여 경청해야만 한다. 그리고 사람들은 맹목적인 말하기와 듣기를 강제당하지 않아야 한다. 더불어 중요한 것은 서로의 이야기를 서로가 이해하는 것이다.

일반적으로 '이해한다'고 하면 누군가의 말을 전적으로 수용하고 용서하는 것으로 받아들인다. 예를 들어 아렌트가 '악의 평범성'을 들어 아이히만의 행위를 이해하고자 하였을 때, 지인뿐만 아니라 수많은 시온주의자가 그녀를 공격하였던 것은 그녀가 아이히만을 용서한다고 생각하였기 때문이다. 그의 명패에서 역사적 범죄자인 '유대인 학살자'라는 이름을 지우고, 그를 이웃의 일상적이고 개인적인 범죄자로 만들어 화해를 청하는 것으로 말이다.

하지만 아렌트가 아이히만을 이해하고자 하였을 때, 그 이해의 의미는 단지 수용하고 용서하는 것에 머물지 않았다. 아렌트에게 이해한다는 것은 수용하는 것이기는 하나 주어진 사실이나 자료를 수동적으로 흡수하는 것이 아니라 능동적으로 분석하고 비판하며 새롭게 재구성하는 것이다.

화해가 이해에 내재되어 있다는 사실은 이해한다는 것은 용서하는 것이라는 대중적인 그릇된 설명을 불러왔다. 그러나 용서

는 이해와 거의 관련이 없고 이해는 용서의 조건도 아니며 그것
의 결과도 아니다. 용서는 하나의 행위이고 하나의 행위에서 정
점에 있다. 이해는 끝이 없고, 따라서 최종적 결과들을 산출할 수
없다. [⋯] 이해는 탄생과 더불어 시작되어 죽음으로 끝난다. 전체
주의 정권의 등장이 우리 세계의 중요한 사건이 되는 한, 전체주
의를 이해하는 것은 무엇이든 용서하는 것이 아니라 그러한 일
들이 전적으로 가능한 체제와 우리 자신을 화해시키는 것이다.
(*ESSAYS*, 489)

이해는 용서에 머물지 않는다. 현재 사건의 원인은 과거의
어떤 일로부터 시작되었으며, 현재에 대한 분석은 미래에 대한
예측 조건이 된다. 어떤 일을 용서한다는 것은 발생된 문제를
그대로 인정하고 머물게 하는 것이 아니라 한 걸음 나아가게
하는 밑거름이 되어야 한다.

아렌트는 『전체주의의 기원』에서 이해에 대해 다음과 같이
말한다.

이해는 터무니없는 것을 거부하거나, 선례로부터 전례가 없는 것

을 도출한다거나, 혹은 현실의 영향과 경험의 충격을 더 이상 느끼지 못하는 유비와 일반성으로 현상을 설명하는 것이 아니다. 그것은 오히려 우리 세기가 우리에게 지워진 짐을 의식적으로 조사하고 경험하는 것이다. 간단히 말해서 이해는 미리 생각해 두지 않은 것, 즉 그것이 무엇이든지 간에 현실에 조심스레 부딪치고 저항하는 것이다. (OT1, 34)

다시 말해 그녀가 말하는 이해는 우리에게 진정으로 분노할 것에 대해 분노하게 하는 것이지, 용서를 요구하는 것이 아니다. 오히려 아렌트는 용서나 보복 대신 잘못된 행위에 대한 적절한 반응으로 화해를 제시한다. 여기서 화해에 대한 오독이 발생한다. 이해에 화해의 의미가 내재해 있다고 해서 용서까지 포함된다는 것은 대중의 잘못된 생각이다. 아렌트의 입장에서 용서는 이해와 거의 상관이 없으며 조건이나 결과도 아니다.[66] 화해는 피해자의 입장에서 가해자와 함께 부담을 짊어지겠다는 의지를 수반한다. 따라서 화해는 과거의 범죄를 폐지하는

---

66 아렌트, 『이해의 에세이』, 89쪽.

것이 아니라 범죄가 자행되었다는 사실을 상호 인정하는 것에 기반을 두어야 한다.[67]

만약 아렌트가 수용과 용서라는 기본적 의미에 갇혀 있었더라면, 아이히만에 대한 그녀의 입장 역시 다른 시온주의자들과 별반 다르지 않았을 것이다. 폭력적 성향이 있는 근본악의 전형으로 수백만 유대인을 죽음으로 몰아넣는 잔혹한 결정을 하고도 뉘우침이 없었던 아이히만을 격렬하게 비난하고, 살인자로서 유죄판결을 내리는 데 아무 의심 없이 동참했을 것이다. 하지만 법정에서 만난 아이히만은 아렌트의 예상과 어긋나는 평범한 인물이었다. 아렌트는 아이히만에 대한 선입견을 버리고 새롭게 그를 바라봐야 했다. 그의 행동에 대한 수용과 용서가 아니라 이해와 재구성을 통해 무엇이 문제인지 확인해야만 했다.

수많은 유대인을 죽음으로 몰아간 아이히만의 행동은 그 어떤 폭력성이 아니라 생각함과 말함의 무능력이 불러일으킨 평범함에서 기인한 것이었다. 이 평범함은 아이히만에게만 국한

---

67 홍원표, 『한나 아렌트 정치철학: 행위, 전통, 인물』, 100쪽.

182

된 것이 아니라 한편으로 모든 사람에게 적용될 수 있으며, 다른 한편으로 모든 사람에게 적용되지 않을 수 있음을 의미한다. 인간은 누구나 마음에 아이히만을 품고 있다. 자신과 공동체의 모든 사람 사이에서, 생각함과 생각하지 않음의 사이에서, 무엇을 선택하여 판단하고 행위하느냐에 따라 자신을 선하게도 혹은 악하게도 만들 수 있다. 결국 인간다움의 조건마저 제거할 수 있다는 전체주의의 공포는 전례 없는 사건에서 언제든 반복될 수 있는 경험의 장으로 옮겨졌으며, 그 공포의 재현 가능성은 이제 현재를 살고 있는 우리의 몫으로 남았다.

한나 아렌트(Photograph by Käthe Fürst)

한나 아렌트 연보

1906년	10월 14일 독일 하노버에서 출생
1913년	할아버지와 아버지의 사망
1924년	마르부르크대학 입학, 하이데거와의 만남
1926년	하이델베르크대학의 야스퍼스와의 만남
1929년	"아우구스티누스의 사랑 개념" 주제로 박사학위 취득, 귄터 스턴과 결혼
1930년	라헬 파른하겐의 전기 집필
1933년	파리로의 망명
1936년	스턴과의 이혼, 하인리히 블뤼허와의 만남, 시온주의에 관심을 가지기 시작
1940년	블뤼허와 결혼
1941년	미국 뉴욕 도착, 무국적자로서의 미국 생활 시작
1948년	어머니의 사망
1951년	『전체주의의 기원』 초판 출간, 미국 시민권 획득
1954년	『철학과 정치』 출간
1958년	『인간의 조건』 출간

1959년	레싱상 수상
1960년	아이히만 재판 과정에 『더 뉴요커』 기자로 참관, 『과거와 미래 사이』 출간
1963년	『혁명론』, 『예루살렘의 아이히만』 출간
1966년	「진리와 정치」 논문 출간
1967년	신사회연구소New School for Research 교수직 담당
1968년	『어두운 시대의 사람들』 출간, 『폭력론』 집필
1970년	블뤼허의 사망, 『더 뉴요커』에 「시민 불복종」 게재
1971년	「정치에서의 거짓말」 논문 발표
1972년	스코틀랜드 에버턴대학의 기포드 강의 시작, 『정신의 삶』 집필 준비
1975년	12월 4일 『판단』 원고를 집필하던 중 심근경색으로 사망

참고문헌

한나 아렌트의 저작

"Thinking and Moral Consideration: A Lecture," *Social Research*, vol.51 no.1
   (spring, 1984).

『칸트정치철학강의』, 김선욱 옮김, 푸른숲, 2002.

『과거와 미래 사이』, 서유경 옮김, 푸른숲, 2005.

『전체주의의 기원』1·2, 이진우·박미애 옮김, 한길사, 2006.

『어두운 시대의 사람들』, 홍원표 옮김, 인간사랑, 2010.

『이해의 에세이 1930-1954』, 홍원표·임경석·김도연·김희정 옮김, 텍스
   트, 2012.

『라헬 파른하겐』, 김희정 옮김, 텍스트, 2013.

『예루살렘의 아이히만』, 김선욱 옮김, 한길사, 2018.

『정신의 삶』, 홍원표 옮김, 푸른숲, 2019.

『책임과 판단』, 서유경 옮김, 필로소픽, 2019.

이차 저작

김선욱, 『한나 아렌트의 정치판단이론』, 푸른숲, 2002.

번스타인, 리처드 J.,『한나 아렌트와 유대인 문제』, 김선욱 옮김, 아모르문
    디, 2009.
아리스토텔레스,『정치학』, 김재홍 옮김, 길, 2017.
영-브륄, 엘리자베스,『한나 아렌트 전기』, 홍원표 옮김, 인간사랑, 2007.
젠슨, 데릭,『문명과 혐오』, 이현정 옮김, 아고라, 2020.
홍원표,『한나 아렌트 정치철학: 행위, 전통, 인물』, 인간사랑, 2013.

[세창명저산책]

· 세창명저산책은 계속 이어집니다.